遊ぶように働く！
目指せFIRE！
大人の夏休みライフの始め方

河本真
Shin Kawamoto

SUN RISE

まえがき

今、この時代、僕らは夢のツールを手に入れた

今の時代は、テクノロジーの発達を中心に様々な分野でイノベーションがおき、かつてないほど便利かつ快適な時代になりつつある。例えばスマホ。毎月4~5000円を支払えば、この便利なツールは片手で、いつでもどこでも聴覚と視覚から刺激をインプットしてくれる。高性能モニターで、映画が見放題だったり、すぐさま地球の裏側の情報にアクセスできたり、現地の人と無料でカメラを見ながら話すことだってできる。

つまり、この小さなツールは、ときには、財布にもなり、ときには、映画館にもなり、ときには、カメラにもなり、ときにはスキャナーにもなり、ときには新聞にもなり、ときにはダイエットの先生にもなるということだ。

もはやドラえもんの「どこでもドア」といっても過言ではない。いや、むしろそれ以上かもしれない。このような、「我々の生活」を便利かつ、快適にしてくれるようなツールが、誰しもの人生に登場した。

このように、地球の長い歴史を見てもありえない、「魔法のようなツール」が登場したにもかかわらず、「この恩恵」を受け取るばかりか、「不幸」を訴える方が増えているような気がしてならない。年々、勢いを増してテクノロジーは進化していく。このような便利なツールの誕生によって、「不快」が減り「面倒」がなくなり、「快適」が増えたはずなのに、肝心な我々の生活の中での「快適」は、あまり思っている以上に増えていない。

もしかしたら、これが真実なのかもしれない。

子どもより大人のほうが、楽しい毎日を送れるはずだ

「今が一番楽しい時期だから今のうちに楽しんでおけよ」。

僕が19歳の夏にアメリカに短期留学をする際に社会人の先輩に言われた一言だ。小中高大と、所謂「日本人のほとんどが暗黙の了解で通るルート」の最終地点で、僕は気付いたのだ。

「今が『一番』楽しいってどういうこと？」と。では、机の上で必死に覚えてきた学問は何だったのか？　大人になるにつれて知識や経験、スキルが増え、そこに経済力や愛する人や、守る人が増え、大人の毎日とは、子どもの頃より「楽しい毎日になるのでは？」。


僕はそんな人生を信じていたが、その幻想は打ち砕かれた。周囲を見渡しても、20代、30代、40代と歳を重ねるごとに、それっぽい理屈を、それっぽいトーンと口調で話すような大人ばかりで、決して「楽しい毎日」を送っているようには到底思えない。

毎日を楽しむというよりは、何者かわからない何かに追われているようだ。「でき

ることや可能性」よりも「やらなければいけないこと」や、「世間によってつくられた見えないスタンダード」を意識させられ、その基準から外れないように、そこにステイするような毎日を送っているように見える。このことに19歳のときに気付いた僕は、２０１１年、本当の意味で自由になることに憧れて起業をした。

僕にとっての自由は、「好きなときに好きな場所で好きな人と好きなことができる」ことも、その定義の一つであったが、「自分の思い描いたことが即実現できる状態」が、僕の自由像だった。

人生を謳歌するために大切なこととは

幸いにも時代の流れが後押しし、２０１２年で、事業が仕組み化できたので、長年の夢であった「海外旅行し放題」の人生をスタートさせることができた。そして、この経験が自身の人生の可能性を広げてくれることになる。

これは、大人になることのイメージが覆された瞬間でもあったし、自身の毎日の捉え方を大きく変えてくれた瞬間でもあった。さらに旅の日々によって本当に人生を謳歌している方にたくさん出会うことができたのである。その人たちは、まるで毎日を夏休みのような感覚で送っていた。日本では「自由」が憲法で保障されているにもかかわらず、見えない「キマリ」と「見張り」が多いことから、人と違わないように、なるべく否定されないような道を無意識レベルでチョイスする人ばかりなのである。

特に「働かざる者食うべからず」のような教えや、「石の上にも三年」のような、人生を固定化させるような暗黙の了解があり、自由を恐れている方は多い。

海外に住んでいるため、あまり日本の事情には詳しくないのだけれど、最近日本では「ＦＩＲＥ」という働き方が流行中らしい。まさに僕の生き方はそれに近い。午前中3〜4時間だけ働き、午後はゆったりと人生を楽しんでいる。

1日3〜4時間しか働かないものだからよくこう言われたものだ。「もっと働いて世のためになることに貢献したら？」と。

しかし、そもそもこの考え方自体が古いのだと思う。毎日、嫌な仕事を、好きでもない人とストレスまみれになりながら仕事をして、人生の「仕事」の分野で貢献したとしても、実際に人生の「家族」の分野で、子どもと一緒にいる時間が取れず、子どもの成長に気付けずに、子どもの成長に貢献できなかったり、仕事のストレスを家族に当たったりすれば、「仕事の貢献」はしても、「地球への貢献」にはなってないと思う。

だから日本でも「ＦＩＲＥ」が話題になっているのはよいことではないのだろうか。実際に家族関係が良ければ、家族の雰囲気はグッと良くなるので、子どもも当然ながらスクスク育ちやすくなるし、雰囲気の良い家族は、街を歩いているだけで、非常に良い印象を周りに与えられる。

これは仕事での貢献ではないが、歩いているだけで人を笑顔にしてしまう大事な地球への貢献である。

僕は毎日、午前中は仕事をし、午後からの時間は息子と遊ぶ時間と決めて、日々を楽しんでいる。息子との時間をつくることで、自分の姿勢を見直すことにもなるし、息子の成長を彼にフィードバックすることで、彼が自身の才能を最大限に発揮し、その結果、数多くの方に貢献できると信じている。

だから今日も彼と、新しい地球でも遊び、今までにお互いがやったことがない遊びを通して、彼の意外な一面を、自分に、そして彼にもフィードバックするつもりだ。

このように「自由」に生きることも、時間差で「地球の貢献」になると考えている。

「365日夏休み生活」を手に入れ、ウキウキした人生を！

本書は、日本に暗黙の了解として定着している狭い生き方や、固定化された人生観を払拭し、365日を夏休みのような気分で生き、その結果、世界に最大限に貢献する生き方へシフトできる極意を綴った書籍である。子どもの頃、夏休みが退屈だった人は誰一人としていないはずだ。

夏休み自体がそれだけ楽しかったこともちろんだが、夏休みがあることにより、1年の中での楽しみが生まれ、そのご褒美に向かって邁進できた人もいるはずだ。人生最後の夏休みが保証された大学生時代、僕はふと思った。「この夏休みを延長させ、社会人になっても大人の夏休みを楽しむことはできないのか？」と。

大人の夏休みは、学生時代とは異なり、経済力が伴い、豊富なスキルや知識も味方になるので、学生時代のそれよりも遥かに楽しい。そして、何より「毎日のウキウキ感」が半端ない。

現代社会では、数々のテクノロジーにより生活が便利になっているはずだが、不思議と原因不明の不調や病気などで苦しむ方は毎年増えている。

残念なことに毎年「鬱病」は増え、自ら命を絶つ人も少なくない。原因は様々だが、「毎日に追われて」いることが最大の原因だと思う。もし、毎日を「夏休み」のような気分で生きられたら人生はどうだろうか？　もっともっと力が抜け、スーッと心が楽になり、楽しむことに積極的になるのではないだろうか？

自分が本当にやりたかったことに没頭できるのではないだろうか？

大事な人と地球が魅せる数々のダイナミックさに感動できるのではないだろうか？

結局、人生は「どんな気分」で毎日を生きるかである。

本書では、先人たちが残してくれた数々の叡智とテクノロジーを最大限に駆使し、物理的な「夏休み」をつくり出すのと同時に、「毎日の捉え方」を変え、「３６５日夏休み」のような気分で日々を過ごすためにはどうしたらいいか、その術を綴った書籍である。

もっと人生を楽しもう。
そして、楽しむことが、結果として人様の役に立つ。
そんな人生を今から始めよう。
きっと世界はもっと面白いし、未来はもっと楽しいものなのだから。

第1章

しがらみや我慢、犠牲からの解放

第2章 大人の夏休みのつくり方 経済的自由編

第3章

大人の夏休みのつくり方

極上の人間関係編

第４章

極上の夏休みにアップグレードさせる極意

第１章

しがらみや我慢、犠牲からの解放

見張りとキマリが多いジャパニーズ

２０１２年に事業を仕組み化してから「いつでもどこでも仕事できる」のだから日本にいる必要はないと思い、僕は、世界を旅する生活に切り替えた。

当時の生活の拠点は世田谷だったが、家賃を払うのであれば、その固定費を限りなく少なくし、移動費（＝インプット、クリエイティブ）に投資したほうがよいと直感的に判断したためだった。

最初は、「メジャーな観光地」を巡る所謂、一般的な海外旅行だったが、途中から気に入ったスポットが見つかると「ロングステイ」をするような生活に切り替えた。

そしてなるべくＡｉｒｂｎｂなどを利用し、現地の家を借りて、現地のスーパーに買い物に行き、現地の人たちと触れ合うように心がけた。この経験は、たくさんの価値観に触れられ大変、刺激的だったため、今まで日本文化にドップリ使っていた僕は、恐ろしいことに気付く。

日本では、憲法第21条で「言論の自由」が、憲法第22条で「職業選択の自由」が保障されている。

国によってはあり得ない「自由の保障」だ。しかし、あまり「この自由」を謳歌している方を日本では見かけない。

「オレ、自由なんだよねー。だから、22歳から25歳までは世界中を放浪するつもりなんだー。だけど、ただ世界を放浪するだけだとつまらないから、ご年配の方から寄付を受け取る仕組みをつくって、直接、僕が現地の様子をビデオなどで配信して、旅先からのリアルな笑顔を配信する仕組みをつくってねー」。「25歳からは、この経験に興味を持ってくれる企業で数年働いて少し、資金力をつくって、そのあと30歳からはオランダに住んで、水車について勉強するつもりなんだー」。

例えば、このような発想をするだけでなく、実行する方は少ない。多くの方の中には、それまでの人生において「誰か」や「何か」によって決められた「既成概念」があり、その「枠」から外れないように、人生のロードを決める。

人生のロードとは、住む場所や毎日の生活スタイル、働き方などの生活の質を決める大半の部分のことだ。自分の人生は自分のものなのだから、「誰か」や、「何か」の既成概念ではなく、自分がハッピーになれるか？ の基準を最優先させるべきだと僕は思うのだが、親、親戚、友人などを悲しませないような選択を無意識で「優先」してしまうのだ。

例えば医師を目指している若者がいるとする。本来ならば「アメリカへ行き、最先端の医療について学びたい」と思っても、親を説得するのが面倒、もしくは、親の悲しむ顔を見るのが嫌なので、なるべく親の認識しているゾーンから外れないような選択から選ぶようになる。まるで見張られているかのように。まるで「誘導」されているかのように。

実際に、僕は海外でも現地の人を雇用して、会社を経営しているが、国によっては1、2年で転職する人などザラである。例えば僕が会社を経営するフィリピンでは、1、2年で転職するのは普通のことだ。もちろん、日本のように「終身雇用」という文化がないので当然だが、彼らを見ていても、大学を出てからの「選択肢」が思っている以上に大きく広い。

それは、「誰か」や「何か」に縛られていないからである。そりゃ大人になり、歳をとることが楽しくなるはずである。

当然だが、子どもの頃のほうが楽しいと考える方が多い理由は「責任」がなく「選択肢」が大人より遥かに多いからである。しかし、育っていく過程において、「これやっちゃダメ！」「これもダメでしょ！」などと、周囲の大人たちから、事ある度に言われ、自分が興味をもったことに次第に取り組まなくなってくる。そして、当然ながら、ある時期から「何かやろうとしても怒られるからやめようか」という風に最初から諦めるようになる。

なので、毎日の「自由」が、本当は保障されているにもかかわらず「できること」や「やりたいこと」を考え、「ハッピーをつくっていく」ことよりも、「誰か」と「何か」に怒られないような行動を行い、それらを維持するために「やらなければいけないこと」で頭をイッパイにする毎日になってしまう。

つまり、毎日を楽しむとか日々をつくるとかよりも、毎日が「何か」によって追われている状態になってしまうのである。

自分の「見張り」が何なのか洗い出してみる

自由を邪魔しているのは「見張り」だ。しかし、その「見張り」側も、「見張られて」きたので、本人も見張っているつもりはなく仕方なくやってしまっているのだ。なので、まずは「あなたが何かをするとき、しようとするときに意識してしまう人」をリストアップしてみることをおすすめしている。

＊例1　人生で大きな決断をした3つのことをリストアップ→そのときに自分に影響を与えた人をさらにリストアップする。

＊例2　大学入学、就活、転職、結婚など人生の転機をリストアップし、そのときに自分に影響を与えた人をさらにリストアップする。

それは、両親かもしれないし、奥さんかもしれないし、上司かもしれない。

そしてぜひ、彼らのことをなぜ意識してしまうのかもぜひ一緒に考えていただきたい。

もしかしたら、過去「アイデアを提案したら怒られた」のかもしれないし、悲しい顔をされたのかもしれないし、そのことがきっかけで、その後の関係が気まずい雰囲気になったのかもしれない。

人は「奇跡」をみたり感じたりするのが好きであるが、身近な人に関しては、常に「奇跡」よりも「安定領域」の中にいて欲しいと思ってしまうのだ。

例えば、ある日あなたの自宅に突如、クマンバチが入ってきたらびっくりするだろう。しかし、彼らが、プラカードを持ってあなたの自宅に入ってきてこのように書かれていたらいかがだろうか。

「僕らは決してあなたを刺しません。10秒だけ涼みにきたのです」。

あなたは安心するに違いない。つまり、人は予期できない行動や発想が怖いのだ。なので、この心理を理解した上で、あなたの行動を見張る人たちに対しては、以下のようなコミュニケーションをとることをおすすめしている。

「今度、●●をやろうと思っていて、結果、■■になったら▼▼さんもハッピーになると思うんだよね。だからやらせてちょ〜！」つまり、あなたの（彼らにとって予期せぬ）行動が、彼らの「ハッピー」にも繋がっている物語をあなたがみせる必要があるのだ。彼らが知りたいのは、その行動がどれだけ確実で安心なものなのかという理由と根拠ではなく、その行動の先に「彼ら」の存在がいるか？どうか？ということなのだから。だからこそ「彼らのこと」を常に意識されるようなコミュニケーションを常にあなた自身もとる必要があるのだ。

僕は、21歳で実家を出て、大学中に起業をし、中退を選択した。

当時、母とは何度もぶつかったし、結局は、勘当された。だが、その決断が必ず母親にとっての幸せになることを何度も語り、結果、僕の行動と強い想いを信じてくれることになった。

自由とは、自己中心的なものではなく、大事な人の想いを少しだけ背負った「愛情深い」ものなのである。だからこそ、大事な人のためにももっと「自由」になる必要があると思う。自分を縛っている要素を取り除くことで、これまでの足かせが外れ、あなたの「足取り」は軽くなり、新しいことをスムーズに始められるようになったり、余計なことを気にせずに済むようになる。

ここまで本書を読んでいただければ、特に見えない「キマリ」と「見張り」が思っている以上に僕らの現実を不自由なものにしていることを、あなたも十分ご理解いただいただろう。

では、他にはどのような見張りがあるのだろうか?

「ガムシャラ」に働けば稼げる時代は終わった

戦後の焼け野原だった時代からわずか数十年で日本は、世界の中で絶対的な地位(経済大国として)についた。実際に、当時、裸一貫から身を起こし、戦後の高度成長期時代を支えた彼らのおかげで、今の僕らの安心な生活があるのは多少なりとも事実である。

「24時間働けますか?」

1988年に発売された栄養ドリンクのCMソングで、「24時間戦えますか?」というフレーズが大流行したが、当時は、日本が上り調子だったこともあり、基本的に「働けば働くほど報われる」時代であったし、歳を重ねれば歳を重ねるほど「恩恵」が多い時代であった。

なので、当時の日本人は、働くことを何よりも誰よりも優先していたし、第一にしていた。しかし、時代は大きく変わり、いつの間にか日本も上り調子ではなくなってしまったのだ。

戦後から高度成長期時代、バブル崩壊まではモノがなかったから良いモノを開発した企業が潤った。人の価値観も今ほど多様化していないから、人が求めるもの、売れるものも予想がしやすく、儲けるためにやることは明確だった。

新しい良いものをつくり、バンバンメディアで宣伝をする。一般層に広まれば、それが口コミでますます拡散していく。

ただ、このサイクルを高速で行っていただけなのだ。

社会保障給付費／国内総生産（GDP）の国際比較（%）

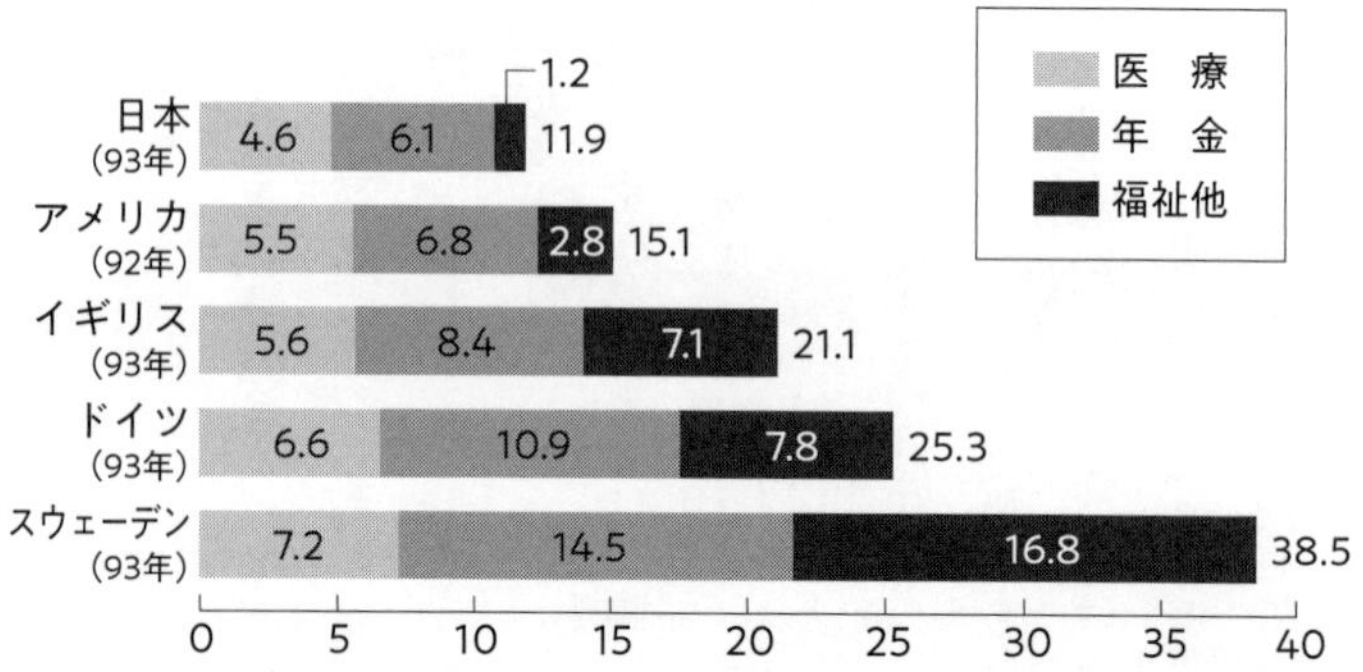

出典：国立社会保障・人口問題研究所調査より作成

だが、２０１０年頃、時代は大きく変わり、モノ余りの時代にシフトした。以前の成功法則は通じなくなった。つまり、良いものをつくっても消費者の心にヒットし、彼らが心の底から納得できるものでないと売れなくなってきたのだ。

そう、かつての時代のルールが、通用しなくなったのだ。つまり、「ガムシャラに働けば報われるでしょ」という価値観は、もはや過去の遺産だ。「ガムシャラ」が通用するのは、日本が上り調子のときだけだ。

そこで、わたしたちは価値観を、今の時代に相応しい価値観に、しっかりアップデートしていく必要がある。

事実、周りを見渡せば、「ガムシャラ」、つまり1日の多くの時間を仕事に割り当てて働いても、収入が上がらない人だらけだ。

実際に、あなたも既にお気付きのとおり、お金持ちであればお金持ちであるほど、「ガムシャラ」とは程遠い仕事の仕方をしている。「ガムシャラ」が役に立つのは、絶対に報われる道筋が見えており、その過程を高速化させていくときだけだ。


しかし、今の時代は、その「絶対に報われる道筋」が読みづらくなり、道筋が読めても一瞬でその道筋が変わってしまう時代になってしまった。

一昔前であれば、サラリーマンが「ガムシャラ」に働けば、それが給料やボーナスとなって返ってきたが、今の時代は、自分の「時間」を多く差し出して「ガムシャラ」に働いても、金銭的に報われなくなったのだ。

現代の消費者が心底求めるものとは?

では、どうすればいいのか? 「ガムシャラ」が通用しなくなったというのなら、単純に違うアプローチで攻めればよいわけだ。

特にスマホなどの登場により年々、価値観が多様化していく現代社会において、「皆が時間を多く差し出し無言で悶々とつくられたサービスやプロダクト」を求めている人たちは減っている。

これまでは、良いモノ、つまり品質さえ優れていれば消費者は満足していたが、「価格」「品質」「付加価値」「社会性」など年々消費者が評価していくものが増えつつある現代において大事なのは、作り手が「楽しくつくっているか?」であり「いかにそこに物語が集約されているのか?」というように、何よりも消費者の共感を得られるものが求められるようになっているのだ。

これは後ほどの章でも詳しく説明していくが、いわゆる「何となく良い」もの(潜在意識や無意識の快を与えるもの)が、「お得なもの」や「CMに出ているもの」よりも売れやすくなっている時代なのだ。

世の中は、需要と供給で成り立っている。

そして、需要にも二種類があり潜在的な需要と健在的な需要がある。

実際に今の時代の「消費者」たちは、本人が意識しているかどうかは別として、製品やサービスの質だけではなく、エッジやストーリー、社会性、販売者の想いなどまでを見ているのだ。それが、私がいう潜在的な需要だ。

つまり、昔のように大量生産されたものや均一化されたサービスではなく、生産者の思い入れと商品開発までのプロセス、さらに商品を使うことによって消費者の未来の生活がどう豊かになるかがイメージできる人間味溢れるプロダクトやサービスを求めているのだ。

消費者は「ガムシャラ」にたくさん働き、大量生産でつくったものではなく、様々な価値観をもつ消費者一人一人が、自分の価値観にマッチした商品やサービス、味のあるジワジワと効くものを求めているのだ。

なので、かつての時代に出来上がった「汗水垂らして稼いだお金だからこそ意味がある」という働き方への暗黙のルールは、もう時代遅れというのもおわかりいただけるだろう。なぜなら、「ガムシャラ」に働いた商品は、今の自体に求められていないからだ。

こういった価値観は、時代遅れどころか、明らかに不要な価値観であり、結果として僕が推奨している「夏休み生活」を阻害することになるのだ。

年収と働く量は反比例する

実際に、今の時代は年収が高ければ高い人ほど「汗」などはかいていない。とはいえ、「頭の中」だけは、少しかいているかもしれないが（笑）。

なぜなら、こういった年収の高い人たちは、汗をかくほど働かないといけないような過度にストレスのかかる仕事は、将来のエネルギーを損なうことを知っているので、常に最大限に「脳」が動く仕組み、具体的には運動や食事のケアをして健康管理に気を付けたり、余計な人付き合いなどをやめたり、お酒などを控えるなどのルールをつくり、極力、体力的に無理をしないようにしている。

むしろ、年収が高い人は「正確な決断」を求められるので、BPM（心拍数）はゆっくりでリラックスしている状況を意識的につくっている方のほうが遥かに多い。

今の時代は、「汗水垂らして」まともに働きすぎても報われない時代で、それよりも「汗水たらさない」で脳内が気持ちの良いこと、脳内ホルモンが分泌されるような快感をしたほうが最終的に儲かってしまう時代なのだ。

大量生産されたものや均一化されたサービスによってもたらされるプロダクトよりも、消費者の脳や潜在意識にリーチする販売プロセスやその母体となる組織の活動、商品への想いなどが購入の基準になるので、実際に消費者を「良い気持ち」にさせることが、今のビジネス界の一つのルールなのである。

例えば、YouTuberのような新しい働き方などはまさにその一例だ。

彼らはいわゆる「トラフィック（データ通信量）」を集めるビジネスなので、人が興味を惹くような「企画」を毎日の中でつくることが仕事であり、実際に視聴者が思わず視聴したくなってしまうような「キャラ」を演じるのが仕事でもある。

これは「ガムシャラ」とは対極に位置するビジネスである。

たった1分の動画の中にでも、共感、人間性、企画、物語、など「消費者」の潜在意識が反応してしまうような工夫さえできていれば、莫大なトラフィックを得て、そこから広告収入を得たり、物販につなげたりすることができるので、汗水垂らさなくても、稼ぐことができる。

つまり、「人の意識にリーチできるコミュニケーション能力」を持っていれば、実働時間が短くても、それなりの経済力を得ることは可能なのだ。

もちろん、この働き方は、大前提として自身にクリエイティブ能力があり、報酬にダイレクトに反映されるビジネススキル？ を持っている方に限られる（このクリエイティブをビジネスに活かす方法は、また別の章で詳しく解説したい）。

現代社会の恩恵を最大限に受け取るテクニック

まえがきでも述べたが、僕は「テクノロジーの波」をうまく利用することで、事業を仕組み化している。ＹｏｕＴｕｂｅが注目される前の２０１０年から「自分の代わりの営業マン」であるＹｏｕＴｕｂｅにビデオを投稿し、オンライン上の営業マンであるＹｏｕＴｕｂｅのビデオが僕の代わりに24時間ＰＲをしてくれる。

その結果、「あまり働かなくてもよい」ライフスタイルを実現することができた。

ここで大事なのは、ＹｏｕＴｕｂｅを使うことではなく、ＹｏｕＴｕｂｅのような便利なものを見つける力なのだ。

いつの時代にも、世の中には、必ず「恩恵」というものが存在する。僕はその恩恵に気付き、それを活用しただけなのだ。

「恩恵」とは、簡単にいうと「おばあちゃん」が「孫」に「プレゼントをあげる」ようなイメージである。「お得と恩恵は同じ意味ではないですか？」と思われる方もいらっしゃるかもしれないが、「お得」とは少し違うと個人的には思っている。

お得：自分の想像外の報酬をゲット、受け取れる数に限りがある。自分が主語である
　＝自分で「取る」イメージ。

恩恵：与えたい人の想いを受け取る好意。全員莫大なメリットを想像以上に享受できる。限界はない。自分が「与えられる」イメージ。実際に、僕はこの「恩恵」を見つけることが大好きであるし、一つの趣味でもある。

そして、この世の中には、大なり小なり様々な分野において、色々な「恩恵」が存在していると思っている。

例えば、トレーニング。実際にＨＩＩＴという強度の高い有酸素運動を朝一番で行うと、脂肪燃焼効果が遥かに高いことが証明されているだけでなく、１日のパフォーマンスも遥かによくなる。

他にも大きな例を挙げるなら、ＧＡＦＡＭなどのグローバル企業が行っている節税スキームである。楽天よりも遥かに売上が高いＡｍａｚｏｎが、楽天よりも遥かに安

い金額を納税していることは有名な話だが、これは国ごとの税制の違いを巧みに利用し、グローバルスキームを組んでいるからだ。こういった税制に関しては賛否があるが、彼らが国境を越えるインターネットを活用したビジネスを軸に、時代の恩恵と国ごとの恩恵を最大限に受け取っているのは事実である。

そして、恩恵を受け取るには、自力以上に他力を使うことも必要だ。「他力」というのは、「自分の力」以上に素晴らしい強力なパワーを奉仕してくれる「何か」であり、それを見つけるセンスが求められる。いや、見つけるというより「見抜く」といったほうが正確かもしれない。

僕はYouTuberが登場する遥か前、2010年からYouTubeを活用した「教育ビジネス」を展開している。

実際に当時は誰もYouTubeでそういったビジネスをやっていなかったしYouTubeをやりましょう! などと提案する方も皆無であった。ただ、GoogleがYouTubeに力を入れていることがわかったのと、いずれテレビを見なくなる時代がやってくることを察知し、自身で番組を始めることにしたのだ。

その結果、自力以上の、「ＹｏｕＴｕｂｅ」という「他力」が働き、自身の力以上の結果が出ることになった。これがまさに「恩恵」を受けたということだ。

具体的にどういう恩恵かというと、限りなくゼロに近いコストでＹｏｕＴｕｂｅにアップし続けたビデオが、自身の分身となって四六時中、様々な方に自社サービスを広げてくれることになったのだ。

もちろん、ＹｏｕＴｕｂｅは今では世界中の方々が見る媒体と成長し、これからもその利用者は増えていくと思っている。

だが、２０１１年の当初は、誰も参入者がいなかったのだ。

つまり、そもそも「ＹｏｕＴｕｂｅにビデオをアップしよう！」といった文化がなかったのである。ビジネスは需要と供給で成り立つとおり、多くの方がスマホなどのデバイスを持ち始め、スマホでネットし放題の時代に移行しつつある時代において、ＳＮＳへまだ投稿している方が少なかったのである。

なので、実際に、当時から先駆けて参入した僕も含む元祖ＹｏｕＴｕｂｅｒたちは、大した努力もしないのにもかかわらず、莫大な恩恵を受け取ることになったのだ。

これは一例だが、このような恩恵は、ＳＮＳの媒体だけに限らず様々なところに存在している。そして、こういった恩恵はソッと密かにどこかに隠れているものなのだ。隠れている理由はシンプルで、誰もその価値に気付いていなく、気付いている人は美味しい思いができるのであまりオープンにしないからである。

そのため、残念ながら多くの人は、「自分で感じて自分で考えよう」としないので恩恵が少ないものしか知らないのだ。

多くの人は、「書籍やSNSで『これからは○○の時代がやってくる！』と聞いたから始めようかなーと思ったんです」というように、他人の見解や提案をまともに信じて行動を決める。

しかし、「恩恵」というものは、まだほとんどの人に認知されていないか、その魅力に気付いている人がいない状態のものなのだ。このように、「○○の時代がやってくる！」と皆がいう時点で、既にあなたが恩恵を得られることはないだろう。

だからといって、がっかりする必要はない。「恩恵」は、あなたが思っている以上に世界中にたくさん眠っているし、日々たくさん現れているのだから。

理由は時代の変化が速い現代社会において、新しいものは常に生まれているからである。ウェブサイト、新しいサービス、組織など無数のものが現代では今この瞬間も多々生まれている。それらの中には非常に「美味しいオファー」を提供してくれる会社やコミュニティなども当然ながら存在する。これを活かさない手はない。

そこで、あなたがやることは一つ。

「自分は恩恵を受け取れる人間である」と本気で思い込むことだ。そして、ルールや規約がまだしっかりしていないものを探すことだ。

すると、「恩恵を与えますよ！」というありとあらゆるものに気付くようになるのはもちろん、今自分が集中すべきポイントが見えてくる。

既に、「〇〇無料」のように「与えますよ！」と恩恵を記載しているものもあれば、ＹｏｕＴｕｂｅの初期の頃のように、特にルールや制限などがないので「やりたい放題」できてアクセスを集められるなど、ひっそりと隠れているものもある。

つまり、大事なのは

1　恩恵を打ち出しているもの（既に与えますよ。とアピールしているもの）

2　規制やルールがまだ整備されていないのでアイデアを実現しやすい場所

をあなたが毎日の中で探していくことだ。

まるでゴールドラッシュのときに「先回り」して恩恵を受け取った方々のように。

どうやって見つければよいのか？　気になるかもしれないが、とりあえず安心してほしい。今、あなたの脳は「この世界には美味しい思いができる恩恵があること」を知った」。まずは、これだけで十分である。

脳には網様体賦活系という意識したものを自動的にあなたの元に集めてくれる便利な仕組みがある。なので「恩恵はどこにあるのかなぁ？」というテンションで毎日探していれば日に日に恩恵を見つけられるようになるに違いない。

未来の「ゴールドラッシュ」はどこにあるのだろうか？　常に「恩恵」が今、この瞬間も生まれている。今から、大なり小なりたくさんの恩恵を常に見つけ、取り入れる生き方にシフトさせよう。それが「365日夏休み生活」、いわゆるFIRE的な生活をするための、最短の秘訣なのだ。

真の大人になるとは、どういうことか？

僕は、自分に子どもが生まれてから「大人になるとは、どういうことなのか」をよく考えるようになった。

「大人」とは、大きい人と書く。子どもが未熟だとしたら、大人とは、未熟ではない状態で生物的に「成熟」した状態なのだろうか？

僕は、小学校に入ったときに、「なぜ外で鬼ごっこなどをしていれば楽しいのに、わざわざ毎日重い教科書を持って勉強しなければならないのだろうか？」と疑問に思った。そこで、当時の担任の先生に、理由を聞いてみたことがあった。

先生は僕の問いに対して、「社会で役に立つから今から勉強しているんだよ。先生たちもそうやってきたんだよ」と即答したのを今でも覚えている。

しかし、肝心な「勉強をする意味や、社会でどう役に立つか」についての疑問は解けず、当時はわかったようなわかっていないような感覚だった。でも、「義務教育」だし、皆もやっているからそうするしかないと思い、実際にそのとおりにした。

その後、中学校に進学しようが、高校に進学しようが、大学に進学しようが、その疑問は残ったままであった。何度か、その時々に習っていた先生に尋ねたことがあるが、誰も、僕にとってしっくりくる「答え」を教えてくれる人はいなかった。先生も、もしかしたらその「問い」を真剣に考えたことがないのかもしれない。

しかし、21歳で当時流行り始めたm・i・x・iで自身のプチビジネスを始めることになったとき、はじめて「勉強の意味」がよくわかるようになった。

当時の僕は週末にイベント業を行い、またそのイベントとは別に、あいた時間を使って「輸入業」を行っていた。いわゆるマイクロ商社とでもいうべきか。

単純に、「海外で安く仕入れられ、日本で高く売れるもの」をｅＢａｙから仕入れ、ヤフオクで出品して、差額分を儲けるというシンプルなビジネスを行っていたのである。

僕が当時仕入れていた商材は、海外で流行った「映画」関連のグッズだ。例えば、世界的なレジェンドの一人であるマイケル・ジャクソン氏の「Ｔｈｉｓ　Ｉｓ　Ｉｔ」の放映に備えて、先にアメリカからマイケル・ジャクソン関係のグッズを仕入れまくった。

僕は20歳の夏にアメリカに1か月留学をしたのだが、このときに「アメリカ」と「日本」での映画の放映の時期の違いに気付いた。

つまり、アメリカで先に放映される映画がわかった時点でその映画の関連グッズを仕入れれば、日本放映時には誰も売っていない状態になるので、爆発的に儲かると思ったのだ。これは、誰もが見過ごしていた「恩恵」を手に入れた瞬間でもあった。

そして同時に、僕が当時、大金を払って海を渡り、実際に「英語」を学び「異文化」

を学んだ経験（勉強）がビジネスに役に立つことが、はじめてわかった瞬間であった。簡単に英語のサイトが読め、簡単にコミュニケーションできること、また実際に海外と日本の違いに気付けたこと。この気付きが、実際に自身でお金を稼ぐというスキルと経験をもたらしてくれたのだ。

僕の人生で、できることが一つ増えた瞬間であったし、これを極めれば、独立できるとも思った瞬間であった。

「大人とは何ですか？」という最初の疑問に戻るとすると、まだ自分の子どもに聞かれたことはないが、たぶん次のように答えるだろう。

「大人とはできることを常に増やし、選択肢を増やすことによって、さらに良いクリエイティブな活動を行い、結果、人様を様々な角度で幸せにすることができる状態のことなのだよ」と。

「できることを増やす」とは、子どもの頃にできなかったことができるようになることだ。スキルとも言い換えられる。例えば、資産運用というスキルを身につけることであなたの銀行口座に眠っているお金を使って別の収入源をつくることができる。

「選択肢を増やす」とは、実際に「目的地」に達成するまでの手段を多々生み出し、適切なものを選ぶ力のことである。東京から大阪まで移動したいときに、学生時代は、鈍行列車しかなかったのが大人になると新幹線や、飛行機など数々の選択肢の中からチョイスすることができるようになるのだ。


できることが増え、選択肢も増えれば今までにないアイデアを実現できる。そのため、良いクリエイティブな活動ができる。

例えば、語学というできることを増やすとする。英語を覚える。すると、どうなるか。今までは日本での出会い系アプリのみにしか頼ることができなかったが、海外に留学して現地の出会い系アプリを使うことができ（選択肢を増やし）、外人とお付き合いするという今までの人生にない経験をすることができるのだ。

これは一例だが、他にも「英語×○○」で無数の選択肢が生まれる。掛け算でアイデアと可能性が広がるのだ。


このように、選択肢とできることが増えれば、多彩な技と表現方法を使ってアウトプットができるので、自身のアイデアはもちろん、人様も様々なアプローチでハッピーにすることができる。

今までなら奥さんに「美味しいごはんをありがとう」と愛を込めて表現していただけのことが「語学や経済力」をつけることで「旅行に招待する」などまた違った愛を表現し、相手も自分もハッピーにすることができるのだ。

キマリをつくり出している名詞を捨てる

「万物は流転する」。これはヘラクレイトスの有名な言葉だが、つい僕たちはその真実を忘れがちである。今、この瞬間も、僕らが存在している地球ですら動いていることを忘れてしまう。

なぜか人は全てを決めたがり、その決めたことだけを信じて生きてしまう。

「仕事ができるようになるには、毎朝早く起きてひたすら上司に言われたことをこなし、仕事に専念することなのだ」。

「早くＦＩＲＥ生活を送るためにとにかくお金を稼ぎまくって貯金をし、人生の楽しみを前送りにするのだ」。

このように自身の生き方ですら固定化する傾向にある。しかし固定化した瞬間、変化には気付かなくなり、新しいものが入ってこなくなる。

変化に気付かず新しいものが入ってこない状態は、非常につまらない状態だ。なので、いかにして物事を固定化する自分を捨てられるかが、人生を楽しむ上で非常に大事なテクニックになってくる。

ここで、わかりやすい例を挙げよう。経営者の大半は自身のことを「経営者」だと思っている。そのため、良くも悪くも常に自身のビジネスのことを考えてしまう。「経営者だから誰よりも商売のことを考えなければいけない」と思っているのだ。

しかし、このように認識した瞬間から、自身の人生の全ては「自分の会社のための人生」になってしまう。当初起業した目的が「家族で幸せな時間を増やすため」だったのに、自身の会社に支配されてしまうことになるのだ。これでは本末転倒だ。だが、よくあることだ。まさに「経営者」だと固定化してしまったからである。

僕も経営者であり、このトラップにハマりそうになったことに気付いた23歳のときに、自身のイメージを経営者から「パートタイム経営者」に切り替えた。「午前中だけ俺は、経営者である」とイメージを持つようにしたのである。

そして、こう毎日言い聞かせている。

「無限大にある人生の選択肢の中で、今は○○の理由で会社を数社経営している。そして、このような方向に今後していく。なぜなら○○だからである。だがいつでもやめることもできる」。

このように自身に言い聞かせることで、常に変化できることを選択肢として頭の中に残しておける。これにより自身の人生の主導権を常に持つことができるのだ。


自分の人生を固定化しないためには、「動く」表現をなるべく多く使うことである。つまり、「名詞」をなるべく使う機会を減らし、「動詞」をなるべく使う機会を増やす必要がある。

全てを固定化して決めつけると「過去」と「今」の間の変化に気付かなくなるのだ。固定化（ルーティン化）をすれば、未来は昨日の延長戦になる。固定化の習性はときには人生を安定させてくれるが、人生をつまらなくさせるのも事実だ。


なぜなら、世の中は、全て流れている。「万物は流転しているはず」だからだ。

だが、なぜか僕たちは「固定化」を望むし、常に「こうあるべきだ！」と決めがちである。そして、物事を一つのアングルからしか見ていないことも多く、その一部の見方だけに盲目的になりがちである。

しかし実際には真実はいつも多面的である。例えば、ある方のサクセスストーリーの裏側には膨大な犠牲者がいたりもするものなのだ。新聞広告でも話題になったが、桃太郎は鬼退治をした英雄だが、鬼の子どもにしてみれば、桃太郎は、親を殺した殺人犯だ。

例えば、「俺はもう50代だからそんな格好できないよー」、「せっかく東大入ったのに退学してカンボジアでボランティアなんてありえないでしょ」、「長年、事務職しかやっていないので本心は、デザイン関係をやってみたいのですが、今は時期が違うかなと思っていて」などなど。

このように自身を固定化して「心のどこかでワクワクしている未来への光」を、世間の常識や、自身で決めた肩書きや、義務教育で培った同調圧力などによってかき消してしまうのだ。

これは個人的に一番避けたいことだし、この「固定癖」をやめれば多くの方の肩の荷が降り、楽になるのではないかと、僕は真面目に考えている。

なぜなら、もしかしたら、その「心の声」に従うことで未来が劇的に開けたりする可能性も秘めているからだ。


経営者や起業家に関しても同様のことがいえる。


僕があなたに強く言いたいのは、自身の過去や肩書き、会社や約束にも縛られすぎないようにしてほしいということだ。

「公務員から東南アジアでボランティア団体を立ち上げる」。

「50代からプロゲーマーに転身する」……。

もちろん、このようにイキナリ違った場所にドットを打ち込むことは怖いし、周囲の人や家族からは理解されづらいかもしれない。過去の自身と全く違った未来を選択することは、どんな人でも悩ましいものであるし、怖いものでもある。当然、あなたを止めたくなる人も出てくるだろう。

しかし、全く違ったところにドットを打ち込み、過去のドットと結びつければ、その線上にあるものが、さらに自分の可能性へと繋がる場合もある。そして、未来に向かって、またドットを打てば、過去と未来の接着部分である「美しい交点」が次々と増えてくる。

交点が増えれば増えるほど、人生の可能性も増えていく。なぜなら、常につなぎ目には、美しいストーリーが潜んでいるからだ。

名詞をやめることで、人生は自然にイキイキしていくはずだ。

やわらかい生き方をしよう

では、どうすればイキイキした人になれるのか?

生まれたての赤ちゃんは、極限までやわらかい。

反対に、死にゆく人はだんだん動かなくなり、硬くなり、停止していく。

死ぬということは代謝していたものが、しなくなるということだ。入っていたものが入らなくなり、出ていたものが出なくなる。

つまり、死んだ街とも、「流転」がない状態ともいえるだろう。

反対に、街が、そして、その集合体の世の中がイキイキするということは、分解すると、一人一人の人間がイキイキするということであり、やわらかく、動きやすくなることだと思っている。

つまり、代謝の面も含めて、「動き面」「精神面」「生き方面」でも、全ての面において「やわらかい」ことが結果として全体の「イキイキ」に繋がっていると、僕は本気で考えている。

しかし、現代社会ではどうしても「やわらかく生きる」ことが難しくなっているのは周知の事実である。

「貯蓄は美徳！」
「我慢は美徳！」
「石の上にも三年！」
「人に迷惑をかけるな！」

などの「迷信（?）」からもわかるとおり、意味不明な「縛り」がたくさんあり、自由自在に、やわらかい動きができなくなってしまっているのだ。これは、前述した「見張りとキマリ」のとおりだ。

もちろん、僕も20歳まではまさにそうだった。だから、緊張しながら、周りの様子を常に窺いながら硬い動きしかできなかった。だが、そこから様々な経験や出会いを通して、赤ちゃんのようなやわらかい動きを取り戻すことができた。

なので僕は、その人間が本来、皆持っている「やわらかい動き」を取り戻すために、このように様々な角度から、みんながやわらかくなるメッセージを配信しているし、この活動を何よりも楽しんでいる。

これからも僕は、やわらかい生き方をとことん追求していきたいし、あなたとも共有していきたいと思う。

自分を瞬時に制御する方法

人生の問題には、2つの問題がある。一つは自分で直接的に起こしている問題、そしてもう一つは、自分で間接的に起こしている問題だ。

そこでまずは、自分が直接的に起こしている問題に、どんなものがあるかフォーカスしてみよう。

ここ数年、長年我慢して制限されてきた日本人を触発するかのように「好きなことをしよう」「自由に生きろ」のようなメッセージが、巷では目立つようになってきた。そして、実際にそのようなメッセージに影響を受けている方もとても増えてきている。

しかし、これらの考え方は、捉え方を間違えると人生を崩壊させることにも繋がる。

例えば、「明日死ぬつもりで今日を生きろ」というようなメッセージがある。言葉はいつの時代もパワフルだ。だが、誤った解釈をすると僕たちの人生を一瞬にして奈落の底に突き落とすことにもなる。

「明日死ぬつもりで今日を生きろ！」を都合よく解釈し、「そうか、俺はもっと好き放題生きよう」と焦ってお金を散財したり、人を平気で傷つけるような行動を衝動的に行ってしまい取り返しのつかない結果を「この言葉」によって引き寄せてしまった方も少なくない。

「何であのとき、あんなことを……」と後悔しても遅いのだ。

人間という生き物は不思議で、とある言葉や事件がキッカケで「我」を忘れ、一瞬にして「獣」に変わる。そして、本来の平常時では絶対にしないような「言動」をする。

当然、もしそのときに目の前に誰かが存在していたら、その相手は「獣のあなた」を「あなた」だと思うだろう。

そして、そんなあなたの姿に唖然として離れていくのだ。

この本を読んでいるあなたも、一度は「制御不能の自分」を体感したことがあるはずだ。まるで満月を見た制御不能の『ドラゴンボール』の悟空のように。

人生は長い。スポーツの試合で例えるならば、トーナメント戦ではなくリーグ戦である。大学に落ちたり、就職活動で失敗したら、そこで人生が終わりなのではない。勝っても負けても、すぐに次の戦いが待っている。つまり、日々のアップダウン以上に、毎日練習を積み重ね、大きなリーグ戦から小さいリーグ戦までこなしていかないとならないのだ。

しかし、多くの方は積み重ねばかりに意識を向け、「予期せぬ」出来事をマネジメントする意識づけをしていないのだ。そのため、ある日、一瞬の出来事、たった一試合の負けで過去の積み重ねが全て「パァー」になってしまうのだ。

これは非常にもったいないないし、ナンセンスである。

なので、僕は大人の夏休みをとことんエンジョイするためにも、常にどんな試合でも平常心で最高のパフォーマンスを発揮するためにも、自分を「沈静化」させるテクニックを早めに自身で開発されることをおすすめしている。

そう、「アンガーマネジメント」だ。これは、自分の感情をしっかりコントロールするスキルであり習慣である。

僕ら人間は、当然ながら、良くも悪くも感情に支配される。「感情」にも多々種類があり、「味わい続けたい感情」もあれば「異常なほど厄介な感情」も存在する。

この「異常なほど厄介な感情」があまり出ないような仕組みをつくり、もし、その「異常なほど厄介な感情」が誘発されるような出来事が起きたときに、一瞬にして沈静化させるテクニックが、過去の積み重ねを「パァー」にしないためにも必要不可欠なのである。あなたも既に、この重要性はどこかで感じているはずだ。

さて、前置きが長くなってしまったが、僕が具体的に行っているテクニックをご紹介したい。

1　丹田式呼吸法

丹田呼吸法は、大きな呼吸を、丹田（おへその5〜9センチ下）をイメージしながら行うことにより、自律神経系が過緊張になっている場合はリラックスさせ、疲れて機能低下している場合には、適度の緊張を取り戻させてバランスを回復する方法として、古くから知られている。

副交感神経は加齢の影響を受け、男性は30歳以降、女性は40歳以降から副交感神経の活動レベルが徐々に低下していく。つまり、リラックスすることが難しくなる。20代、30代の方でも、移動や季節の変わり目や移動に疲労を感じるようなら、「丹田呼吸法」ならずとも、ヨガや瞑想等で自分にあった呼吸法を見つけ、自律神経を整える技を持ったほうがよいだろう。

2　質問（脳内サーフィン）

人間には「質問」をされると、自動的にアンサーを導き出してしまうという脳の習性がある。例えば、あなたが中学以来の友人と久しぶりに飲んでいたとしよう。当時の友人たちの話題で盛り上がり、クラスイチ美人の当時のマドンナの話になる。しかし、お互い顔は覚えているが名前を思い出せない。

そのまま飲み屋では思い出すことができなかったが、帰宅し、シャワーを浴びているときにふと思い出すのだ。「あ、花子ちゃんだ！」

あなたは、帰り道や帰宅してからも、ずっとマドンナの名前を思い出そうと努力していたわけではないだろう。しかし、あなたの脳の潜在意識では、ずっとマドンナの名前を思い出そうと努力をしていたのだ。

このように質問は、思っている以上にパワフルだ。この質問をうまく利用することで、未来の自分を大きく自動で変えてくれることすらできる。つまり、「質問」は、無料でできる最強の人生変換テクニックなのだ。

しかし、残念ながらこの重要性に気付き、活用している方はあまり見かけない。

そして、アンガーマネジメントにも実はこの「質問」が大いに効くのだ。


そこで、非常に有効な質問をいくつかご紹介していこう。

「今、あなたが怒ることで誰が得するのか？」

「逆にあなたが今怒ることで損することは何か。あなたが失うものは何だろうか？」

「あなたは、本当は何がしたかったのか？　果たして感情的になることを求めているのか？」

「理想の自分が見ていたら、何て思うだろう？」

「自分の子どもが見ていたら、どう思うだろうか？」


このような質問をすることで「自分」から距離を置き、客観的にその現場を見ようとし始めるのだ。さらに、この質問は、あなたの潜在意識に長く語りかけることができるので、カッとなりやすい性格の人は、ぜひ実践してほしい。

「質問」は、あなたが思っている以上にパワフルである。何より「お金がかからない」ものであるから、ぜひ、今すぐに取り入れて欲しい。

3　食べ物

そもそも論として最初から怒らないような、感情的にならないような体質であれば、予期せぬ自分が自分の人生を壊すこともなくなる。

「感情的にならない体質」というものがあるのか？と思う方もいるだろうが、実際に科学の力で「血糖値」が安定していると、精神も安定するというデータがある。

血糖値の上昇度合いを、GI値という値で表すことを、ご存じの方も多いだろう。人間は食べ物を口にすると、誰でも血糖値が上がる。しかし、食べ物によって急激に上がるものと、ゆるやかに上がるものがある。血糖値を上げやすいものを高GI食品、血糖値をゆるやかに上げるものを低GI食品と呼んでいる。

血糖値が急激に上がると、血糖値スパイクともいわれ、この血糖値を下げようと体内でインシュリンが大量に分泌される。そのために、一気に眠くなったり、また、血糖値が下がったために、再び血糖値を上げるものが欲しくなるため、お腹がいっぱいのはずなのに、お腹が減ったような感覚になる。よく「デザートは別腹」というが、これはまさに血糖値スパイクによるものだ。

そして、インシュリンの大量分泌で下がりすぎた血糖値を上げるために、アドレナリンが分泌されるので、興奮をしたり、イライラしたり、不安になったりする。

このように、血糖値がジェットコースターのように急上昇したり、急降下することで、感情的にも不安定になるのだ。

血糖値が上がりやすい食べ物（高GI食品）は、ケーキやクッキーなどの砂糖を使っ

た お菓子、またパスタやラーメン、ライスなどの炭水化物だ。

甘いものを食べたりすれば、その瞬間は美味しく幸せなひとときであるが、日常的にイライラしたり精神的に不安定であれば、あなたの人生という長いスパンを考えたときに、あまり美味しい想いができなくなるというわけだ。

では、どうすれば血糖値の急上昇を防ぐことができるだろうか。まさに、高GI食品を控え、なるべく低GI食品を取ったりすること。極力「砂糖」は避け、また、小麦などの炎症（アレルギー反応）を起こす食べ物は控えるようにすることだ。

また、食前に野菜、海藻、キノコ類といった食物繊維を多く含むものを食べることでも、血糖値の急上昇を防ぐことができる。

もちろん、多少、サプリメントなどでもカバーできるが、サプリに頼るよりも、そもそも血糖値を爆上げするものを食べないほうが効率はよいだろう。

4　畏敬に触れる

この地球には「鳥肌が立つほど魂レベルで震え上がる」景色や、人が魅せる奇跡、自然界のドラマなどが実はたくさん存在している。

なぜ、人が旅行を好むのか？　その理由の一つがまさに「畏敬の念」を感じたいからだと思っている。実際に「畏敬」は、ストレスを緩和させる働きがあることが近年の研究結果でわかってきている。

以上が、僕が行っているアンガーマネジメントのテクニックである。

実際に右記の方法を試すことで、「自分で自分を壊す」ことはかなりなくなり、「我」を忘れるような言動もなくなるはずだ。これだけでも残りの人生の時間の質は格段に上がる。

想定外の不意打ちを回避する極意

さて、人生の問題には、2つの問題があるとのお話をした。

では、2つ目の問題である、「自分で間接的に起こしている問題」については、どう対処すればよいだろうか。

実は、「自分ではないところからやってくる（間接的に自分で起こしている）問題」でも、ある程度、自分でマネジメントすることができる。そこで2番目の問題について、自分がどう準備するかを解説しよう。

まず大前提として、この地球上に生まれた方で「ハッピーなニュース」よりも「バッドニュース」を好む方はいないはずだ。実際に、自己啓発書では「ハッピーの起こし方や気付き方」に関して書かれており、「バッドニュース」などは一切起きないような前提で書かれている。

では、そもそもバッドニュースはどこからやってくるのだろうか。

僕は、大学に入り、このことに関して真剣に考えてみた。実際にそのバッドニュースの原因を知り、その原因を減らすことで人生の質が格段に上がるとどこかで感じていたからである。

そして、あるとき、僕の中で答えが出た。実際に大抵の「バッドニュース」の源は非常にシンプルであった。結局、バッドニュースの源は「人」からだということに気付いたのだ。朝、起きて天気が悪くても一瞬しかネガティブにならない。だが大事な人から「あなたのことが大嫌い」とメールが届いていたら、しばらくそのことが頭の中に残る。人は、「天災」よりも「人災」のほうがダメージを受けやすい。

もし、あなたの大好きな相方（恋人）から次のようなメールが届いたらあなたは果たして冷静でいられるだろうか？

「あなたは素晴らしい人だけど、何か方向性が違う気がして……。今はまだわからないけど、近々今後の関係も含めて整理させて欲しい」。

どんなに「ポジティブ思考」の人でも平常でいられるほうが難しいはずだ。実際に、朝イチでこのようなメールを頂戴したら、その日一日は何も手がつかなくなるに違いない。この例からもわかるとおり、あなたの1日を思っている以上に左右しているのは「人」なのだ。

「今日、学校であなたのお子さんが転んで大怪我をしてしまいました。急いで迎えに来てください」。

「社長、クライアントから納期が遅いとクレームがきています。このままだと契約破棄をするとお怒りのようです」。

「あれ、今週入金するって言っていたのに入金がないぞ。おかしいな」。

このように、「ネガティブ」の大半は、人が原因のものからやってくる。

・あなたへのネガティブな意見（嫉妬、やっかみ、苛立ちなど）
・あなたの大事な人が何かしらの事件や問題を起こす
・あなたの大事な人が約束を破る（裏切りなど）
・意見の不一致による口論

あなたを悩ませているのは、大抵これらのどれかではないだろうか？

しかし、逆にいえば非常に良好な人間関係がつくれていれば、あなたを悩ませるホウレンソウなどは来なくなる。そして、あなたが思わず飛び上がるようなホウレンソウばかりがきたら、あなたの1日の質はどうなるだろうか？　実際のQOL（クオリティオブライフ）以上に、僕たちの幸せを自動的に増やしてくれるのではないだろうか。

幸福度を増す「ポジティブ」なことは、以下のようなものだ。

・あなたへのポジティブな意見や評価（賞賛、応援、愛）
・あなたの大事な人が幸せな結果を手にする（成功）
・相手があなたとの約束をしっかり守り、約束以上の行動をしてくれる

・相手との相互理解、同じ方向性を向くなどの根本からの一致

僕はこのことに気付いてから「問題を意図的に減らし、幸せを増やすための仕組みづくり」を始めることにした。しかし、それまで「人間関係」において、人間関係を良好にするテクニックやノウハウを提唱している方はたくさんいらっしゃったが、肝心な「良好な人間関係」の定義をしてくれる方は誰もいなかった。

そこで僕は、自分なりに考えて答えを出してみた。

「良好な人間関係」＝「良い流れをつくること」。

「良い流れ」とは、お互いが隠すことなく、嘘をつくことなく、本心をしっかり共有でき、些細な不安や懸念点、相手への気持ちなども含めて気軽にシェアできる状態のことだ。つまり、自分だけの一方通行ではなく、相手も本心をさらけ出し、お互いに気持ちが行き交うような、相手と自分の間で気持ちが循環できている状態のことなのだ。

では、良い流れをつくるにはどうすればよいか？　基本的に相手のことを知らないと、相手への尊敬の気持ちや感謝の気持ち、愛情などもなかなか出てこない。

そこで、相手と本音で話し合い、普段は「出てこない裏面」を知ると、相手に対して不思議と「情」が出てくる。ここでいう「裏面」とは、相手の不安や悩み、あなたへの想い、今後の展望、過去の失敗などなどをさす。

このように、普段はなかなか表に見えてこない「脳内」を共有しあい、お互いを受け入れ合うことで、二人の間には、そこにはかつてないほど「幸福に満ちた磁場」を自然につくり上げることができる。

しかし、自分のことを話すのが苦手な多くの日本人は、ついつい「当たり障りもない会話」をしてしまう。これは悪いわけではない。

だが、そうなると当然、相手からも本音を聞くことはできない。こういう場合は、相手も、あなたのことを「自分とは本音で話したいとは思っていないんだろうな」と思ってしまい、二人の間に良い流れがつくられることはないだろう。なので、ぜひともあなたから、ガンガン本音を相手にぶつけて欲しいのだ。そして、本音をキリ出す前に以下の「枕詞」を添えるのがおすすめだ。

「実は、〇〇さんにしかできない大事な話があるんだけど、今、話してもいいかな」。

このように、一文を付け加えるだけで相手も本音スイッチが入り「お、今は、自分が聞くモードなんだな。しかし何だろう、ドキドキするな」という心情になる。

そして、この後、相手と「本音」をシェアしてみればよい。もちろん、相手の反応を見ながら、あまりにも相手が重く受け止めそうであれば、途中で話題を変えて、また別の機会にしてもよいだろう。

このように、相手と自分の中にある本音が、コミュニケーションによって高速交換されたとき、その2人の間にある関係が確固たるものとなり、お互いの人生において大きなパワーをもたらすのだ。

経済的自由の予行練習

心理学の研究では、一般的に「子どもは1日400回笑う」と言われている。しかし、ある企業が、成人女性が1日に笑う回数を調査したところ、わずか「13回」だったそうだ。

僕はこの話を聞いたときに、この回数の差は「脳内のスペースの問題」からくるものではないかと考えた。なぜなら、子どものときは、毎日学校に行ってやりたいことだけをやっていても生活をしていけるからだ。気にすることがあるとするなら、クラスの異性からの評価、年に数回あるテストと成績、そして、親の顔色程度であろう。

しかし、大学を卒業して社会に出れば、否が応でも社会を意識し、責任が突如襲い、「やらなければならないこと」が増え始める。急に経済的な現実などが目の前に現れて、思考が「深刻」になり始める。

家賃の支払い、家の掃除、洗濯、食事の準備、自治会の手伝い、子どもの学校のPTA、親の介護、税金の支払いなどなど例を挙げればキリがない。

ましてや、かつての高度経済成長期に波に乗れた方々は「老後の心配」などさほどしていなかったようだが、ここ数年騒がれている医療制度の崩壊や、年金問題がさらに僕らの未来に追い討ちをかけてくる。

果たして、この状態で「笑う」ことなどできるだろうか。気分転換やストレス発散に居酒屋へ友人と飲みに行ったり、お祭りやイベントなど楽しいムードが用意されている空間に移動すれば「自然に笑顔」になるだろうが、それは、ほんのつかの間。実際のところ、1日13回すら笑顔になれる日もないのではと思ってしまう。

僕は2019年に1か月半程度、「幸せランキングの上位」にランクインされる北欧を巡り、「国民」の多くが、なぜ「幸せだ」と答えるのか、真実を確かめようと、数々の教育機関を訪れた。

その理由が、直接自分の目で見たことにより、何となく理解することができ、腑に落ちた。

ご存知のとおり、デンマークを筆頭に北欧諸国では社会保障が非常に充実している。高い税率を就労期間から課されるが、それ以上のベネフィットを老後「得ることができる」のだ。

つまり、しっかり働いて税金さえ納めていれば、少なくともお金の問題に関して、老後の不安はないにも等しいのだ。

もちろん、他にもEACH OTHERな空気感、お互いがお互いのために動く空気感など、たくさんの理由はあるだろうが、根底は、ここにあると思っている。つま

世界の幸福度ランキング

ランキング	国	スコア
1位	フィンランド	7.809
2位	デンマーク	7.646
3位	スイス	7.560
4位	アイスランド	7.504
5位	ノルウェー	7.488
6位	オランダ	7.449
7位	スウェーデン	7.353
8位	ニュージーランド	7.300
9位	オーストリア	7.294
10位	ルクセンブルク	7.238

出典：国連「World Hapiness Report 2020」

り、将来のお金の問題で心配することがないので、環境問題、持続型社会など、目先の先にあること、国家の未来や環境問題、子どもの教育などを冷静に考えられるのだ。

このように、「国」が老後のお金の心配をさせない工夫をすることで、多くの人の頭を悩ませる「お金の問題」から解放されるのだ。当然ながら、多くの方の重荷である「お金問題」が軽くなれば、毎日の生活のリズムやテンションは、だいぶ変わるに違いない。

しかし、日本の政策は、北欧と同じアプローチをしていないので、「お金

北欧と日本の税制の違い

	租税負担率（2000 年）	国民負担率（2000 年）
スウェーデン	54.4%	76.5%
デンマーク	69.0%	73.9%
フィンランド	49.4%	66.6%
ノルウェー	43.1%	55.9%
アイスランド	53.5%	56.2%
日本	23.2%	37.2%

出典：財務省 国際比較に関する資料 OECD国民負担率（対国民所得比）（2004年）

の心配がない」という状態をつくり出すことは難しいが、政府に頼らずとも、自分で限りなく近い状態をつくることができる。

それが、僕が実践している「脳内外注」というアイデアだ。これは、北欧を回った経験から思いつき、現在、実践していることだ。

「脳内外注」とは、お金、健康など、一生付き纏うものにおいて相談できる環境を用意しておくというものだ。例えば、家事を外注すれば、掃除・洗濯・炊事をしないといけないという心配事から解放されるし、車の運転代行を頼めば、自分が運転を誤って事故を起こすという心配事から解放される。もし、日々、頭を悩ませるものを外注すれば、一気に「心配レベル」を下げることができるというアイデアである。

つまり、あなたのお金のことを一緒に考え、気軽に相談できる方を複数名近くにおいておくのだ。

国が考えてくれなくても、「近く」にあなたが抱える様々な悩みを一緒に考えてくれる人がいれば、あなたの「心の状態」はグッと経済的自由に近づけることができる。そうすれば力が抜け、余裕ができ、もっと物事を冷静に見れるようになる。

もちろん、相談をする相手は、専門家でなくても大丈夫だ。むしろ、専門家であればあるほど「こんな稚拙な質問をしていいのか?」となってしまうので、知識はそれほど必要ではない。専門知識よりも大事なのは、あなたが気軽に相談でき、あなたと一緒に真剣に考えてくれる人だ。

僕がいう経済的自由とは、必ずしも大金が銀行口座に振り込まれているという状態ではない。あなたと一緒に、あなたのお金が増え、安心した生活を送れることを本気で願う、「頼れる信頼できる人」が、あなたの側にいることなのである。

事実、どんな悩みを持っていたとしても、実際に相談した瞬間に一気に気分が楽になるように僕らの心はできている。

経済的自由を得るためには、まずは「悩みや問題が起きてもすぐ相談できる環境、また自身の幸せを願う依存先」を自身でつくることから始まるのだ。

第2章

大人の夏休みのつくり方

経済的自由編

幸せな時間という最大の資産を生み出す蛇口ビジネス

「大人の夏休み」と「子どもの夏休み」とで大きく違う点は、大人の夏休みは、子どものときに夏休みのような生活をしつつ、同時に経済的にも豊かになれるということだ。「子どもの夏休み」は、お祭りに行ったり、友達とプールに行ったり、アイスを買って食べたりと、好きなことをしていれば、どんどんお小遣いが減っていく。

しかし、「大人の夏休み」は、誰にも支配されずに、夏休みのような生活を過ごしながらも、自分の夏休み生活が、結果として自然に人の役に立ってしまう状態をつくり、さらには収入を産むという点で、「子どもの夏休み」と全く違うものである。

では、どうしたら「大人の夏休み」をつくることができるだろうか。それは、自分でビジネスをつくることだ。そうすれば、限りなく、理想とする「大人の夏休み」の状態に近づくことができる。

一昔前であれば、ビジネスをつくるというと、ハードルが高く聞こえたかもしれないが、実際は、時代の後押しもあり、初期費用がかからない上に、「副業」や「起業」

が身近になった。つまり、今は「独立」がしやすい環境がそろっているといえよう。

しかし、自分で時間を差し出し、お金を自由自在にコントロールする「独立」には、いくつかの落とし穴がある。

それは、お金を自分で儲けるという行為は、ドーパミンを大量に分泌させるため、一種の麻薬中毒のような状態をつくり出してしまい、絶えず「ビジネス」のことばかり考えてしまう状態をつくりかねないということなのだ。つまり、夏休み中もずっと「ビジネス」のことだけを考えて終わってしまうのだ。

実際に、あまり知られていないが経営者にはこの「ビジネス中毒」に陥り、カラダが頭についていけずに故障している方は思っている以上に多い。もちろん、取り返しのつかない状態までになっている方もいる。よくあるのが「交感神経過多」になり、自律神経が壊れてしまい「自律神経失調症」などになってしまうことである。うつ病の人なども実際はかなり多い。

もちろん、ビジネスは何かしらの貢献と引き換えにお金をもらう行為であるので、ドンドン世の中の役に立つことを考えることは非常に素晴らしいことだと思う。

しかし、絶えず「お金」のことばかり考えていると、快楽となる幸せは一瞬だけ味わえるが、朝の気持ちの良い小鳥のさえずりや、朝日、家族からの何気ない愛や会話などのユッタリとしたメロウな幸せに気付くことはなくなってしまうのだ。

ドーパミンで一時的な快楽は得られても、愛情ホルモンであるオキシトシンや、心地良い眠りを誘うセロトニンは分泌されず、日々の生活は、色彩を欠き、夏休みも淡白な「一色」オンリーになってしまう。

果たして、あなたはこのような夏休みを求めているだろうか？

答えはＮＯのはずだ。

「ゆったりとした幸せ」「自身で獲物を捕まえる幸せ」「畏敬を感じる幸せ」「大事な人と思い合って会話する幸せ」……。

僕らの人生には、このように、色々な「幸せ」がある。当然ながらこれらをバランスよく毎日の中で味わうことができたらそれはそれで最高に違いない。

僕は起業当初、ビジネスが軌道に乗っていく中で、この幸せの法則に気付いたのである。そこで、ドーパミンを過度に分泌させないビジネスモデルをつくることにシフトしたのだ。

それは簡単にいうと、なるべくドーパミンを分泌させず、時間と幸せを自動的に生み出すビジネスモデルだ。

例えば、自動販売機を想像してほしい。自動販売機は社会の役に立ち、自動販売機のおかげで、助かっているという方はかなり多いだろう。喉が渇いたときに、近くにコンビニがない場合、非常にありがたい存在だ。

だが、自動販売機のオーナーは、決して汗水垂らして缶ジュースやペットボトルを売っているわけではない。

しかも、缶が凹んでいたり、缶が汚れていない限り、クレームも少ない。

ということは、飛び込み営業をしたり、迷惑営業電話がかかってくることもない。自分の時間を奪われることはなく、気持ちよくお金を自動的に頂戴できる仕組みといえる。

もちろん、その仕組みをつくるためには一時的に脳内に汗水を垂らすことになるが、一度仕組みが出来上がってしまえば、あとはメンテナンスをするだけで自動的に「幸せ」と「時間」とプチ経済力をもたらすキャッシュフローが構築可能なのである。

「これもビジネスなので、ドーパミンが分泌されるのでは？」と思われるかもしれないが、ドーパミンは報酬系ホルモンと呼ばれ、獲物を捕らえたときやご褒美がもらえたときに分泌されるものである。

狩猟採集社会だった時代を思い出していただければイメージしやすいかと思うが、実際に獲れるかどうかわからない大物を、必死に頭と身体を駆使し、格闘の末にハンティングできたとしたら、達成感が味わえ、気持ちが良いに違いない。ドーパミンは、そういった「自分が死ぬかもしれない」という状況で分泌される興奮ホルモンである。

僕が提唱しているビジネスは、狩猟時代のようなドーパミンが分泌されるビジネスではない。自動販売機のように、システムを考えた後は、そのシステムが稼いでくれて、自分は狩りに行かなくても、獲物（を購入できるお金）を得られるものだ。

蛇口をひねれば水が出て、いつでも水が飲めるように、いつどんなときでも、好きなだけお金を得られる状態をつくることなのだ。

もちろん、このような仕組みを間近で見たことがない読者にとっては違和感でしかないだろう。だが、今の時代は、このような蛇口のようなキャッシュフローは簡単につくれる。そこで、本章ではその仕組みについて詳しく紹介していきたいと思う。

自分流ベーシックインカムという考え方

ここ数年、ベーシックインカムという考え方が注目され、一部の国では導入されつつある。ベーシックインカムとは、簡単にいうと、「毎月国民に対して一定額を支給しますよ」という、お金配給システムである。

日本での導入はいつになるのかはさておき、僕はこの考え方が非常に面白いと思っており、多くの国がこのような仕組みをつくれれば、もっと「ゆとりある社会になるのではないか」と素直に感じている。

当然ながら、日々の生活のために働いているという方がほとんどなのだから、生活のために働かなくてもよくなれば、また見える世界が変わるであろう。

ベーシックインカムのように、生きていくための最低限である、「食う」「寝る」ためのお金を生み出すキャッシュフローをつくることができれば、あなたの毎日はさらに輝かしいものになり、日々を夏休みのようなウキウキした気分でエンジョイできるに違いない。

実際に僕は、22歳のときに生活のための収入源が自動的に入ってくる仕組みをつくった。男性に性教育をオンライン上で教えるビジネスだ。ＹｏｕＴｕｂｅにビデオをアップし、そのビデオを見て共感した方が僕のつくったオーディオブックを購入してくれるというビジネスだ。

僕はこのビジネスのおかげで「生活のために働く」状態から開放された。すると、今まで常に「お金、お金」と支払いに追われていた自身の意識が少しずつ変わってきた。

支払いのことを考えなくてよいので、自身の興味のあることや好奇心に時間と思考を使えるようになったのだ。そして、興味のあることに没頭していくうちに、また「これをオンラインで展開したらそれなりに売れるんじゃないかな。誰もやっていないからきっと面白いだろうな」といったビジネスアイデアが自動的に浮かんでしまっている自分に気付いた。

実際に人間は「お金のこと」を真っ先に考えるとＩＱが下がるというデータがある。なのでお金だけのために始めた事業は大抵ポシャったり、継続できないことが多い。だが、お金を目的にしないで始めた「事業」は、ＩＱが高い状態で発想していることが多いので、共感性が高く、非常に多くの方の手にとってもらいやすいのだ。

その結果、オンラインヒーリングサロン（会わないで小顔になる）や、マイルやホテルをお得に使いセンスよく旅行するオンラインスクール、電磁波シールドパンツなど、僕がこの後に始めたビジネスは、全て当たった。

この経験から、お金から開放されるためには、なるべく「お金を稼ぐことだけを目的にしたビジネス」をしてはいけないことを理解した。

僕が、今後の人生とお金に関して、最初に必死に考えたのは、「社会」に限りなく急速的に近づいた大学生のときだった。というのは、毎日通学のために満員電車に乗る中で、世の中の人にとっての「働くという行為」が恐ろしく思えたからだ。そこで、大学生である今の比較的自由に動ける期間に、社会に出ても、夏休みのような生活を送るために、何をしておくべきなのかを必死に考えたのだ。

多くの方は、そもそも、働きたくて働いているわけではない。ほとんどの方は、「生活のため（支払いのため）」に働いているのだ。そして、「生活のため」であれば、仕事へのモチベーションやパフォーマンスが上がらないことも容易に予測ができる。

そこで僕は、大学生ながらに、今の社会の仕組みと大人の心理状況を理解し、生きるためのお金をどこかで楽々用意できないかを、必死に考えたのだ。

もし、生きるために働く必要がなければ、当然ながら肩の力が抜け、普段は余裕がなくて見えなかったものに気付き、たくさんのビジネスチャンスが見えるようになる。どこかでそう思った。とにかくストレスの源泉である「支払い」のために働く状態から開放されたかったのである。なので、そのための選択肢をいくつか考察してみた。

1　お金があまりかからない生活をする

当然ながら、家賃をミニマムに抑え、食費などもとことん削り、常に日用品を最安値のものだけを選んで生活をすれば、リビングコストは大幅に下がる。したがって、お金をあまり必要としない。

しかし、僕は学生時代に一度実験をしたことがあるが、選択肢が限りなく狭い人生は、自身のクリエイティブやパフォーマンスを限りなく低下させることもわかっている。金銭的に切り詰めると、肝心な「気力」が湧きにくくなるので、あまり「積極的」

にはおすすめしない方法だ。

2　無料で食事などリビングコストを削るものを提供してくれる知人、友人をつくる

世の中には、世話焼きで、人に与えることが自分の幸せと考えている超善人たる人が実際にいる。僕も学生時代、学校外ではあるが、数名の世話焼き先生に出会い、実際に多くを頂戴したし、何度も助けられた。

つまり、あなたが、周囲からとことん応援したくなるような人間性を持ち、その周囲から応援されるような人間関係をつくれば、そもそも一切お金がかからない生活は可能なのだ。しかしそのためには、あなたがそれだけ魅力ある人間である必要があるし、応援される内容は相手の状況次第の部分もあるので、そういった関係は、長くは続けられない可能性も高いだろう。したがって、1~2週間などの短い期間ならよいが長い期間は難しい。

3　自前キャッシュフローを構築する

最終的に行き着いたのが、やはり自前でキャッシュフローをつくることであった。

自動販売機のように一度「売れる」設置をすれば、あとは、補充するだけでドンドン売れるような仕組みを、どうやったら21歳の若造の僕でもつくれるのだろうか。僕は当時必死に考えたのである。

最近のFIREではないが、2010年の当時から不労所得は注目されていた。

しかし、そもそも不労所得は自分でつくり出すものなのだが、ネットで紹介されているのは怪しいものばかりであった。そこで、自分の脳を使ってつくれる「自動キャッシュフローシステム」はないか、必死に探したのだ。

なぜなら、自分流ベーシックインカムのシステムにおいて、この3番目の方法が最も長続きできると思ったし、一番「効率的」だと思ったからだ。

こういった不労所得システムの代表的なものとして、当時から不動産投資で「家賃収入」を得ようとしている方はたくさんいたが、僕は、既存のシステムを利用するのではなく、自動販売機や家賃収入のような「新しい収入源」を、どこかでつくれないか、脳内で必死に探し始めていたのである。

実は以前、不動産投資をしようと思い、ネットに出ていた不動産屋の「釣り案件」

に魅せられて、実際に不動産屋に足を運んだところ、そういった物件は一切なく、違う「余った物件」を案内された経験があった。

そこで、そのような「欺く」ようなビジネスシステムではなく、もっとお客様が心底感動し、自動的に口コミをしたくなってしまうサービスを提供できるようなキャッシュフローがつくれないか、必死に考えたのだ。

そしてしばらくして一つの結論が出たのだ。

当時、何気なく友人に誘われたm.i.x.iに、僕も含めて、大学の友人たちは虜になっていた。学校以外の日常が見れることに感動し、様々な人ともコンタクトができ、そこから「友人」にもなれることに衝撃を受けた。

僕は、「これだ！」と思った。既に「人の日常に興味があり、虜になっているSNS」であれば、初期費用もゼロに近く、しかも在庫のリスクもなく、長続きできるようなキャッシュフローがつくれるのではないかと思ったのである。

当時から、インターネットで何かしらを販売するサイトは存在していたが、自分自身でそのシステムをつくれる気がしなかったから自分の中でゴーサインが出なかった。

しかし、ｍｉｘｉのような既存のＳＮＳサービスを利用すれば、自分でサイトをゼロからつくる必要はない。まさに、「恩恵」である。

そして、僕は大学生ながら、一つのキャッシュフローをつくったのだ。

まずはSNSで信頼を勝ち取る

では、僕が21歳のときに構築した「自作キャッシュフロー」は、どういうものであったか、ここで紹介しよう。21歳の学生でもできた方法なので、おそらく「勇気」と「継続をするためのパッション」さえあれば、あなたも実現することは可能なはずだ。

前述したとおり、僕は既に人が集まっている当時のオンライン「村」であるＳＮＳを徹底的に活用した。

村人が求めているものを提供し、僕自身も「信頼に値する」ような村人もしくは通りすがりの人になれれば、こちらから一切「営業活動」を行わずとも、人が勝手に押し寄せて自身のサービスを購入してくれるのではないかと思いついたのである。

当時、僕は大学生だったので資金はもちろん、大したスキルも実績もなかった。なので、普通にしていても「見知らぬ村人」は相手にしてくれるはずがない。

そこで僕は「実績がなくても信頼される方法」を開発し、そこに徹底フォーカスしたのだ。

オンラインよりもオフラインのほうが、限られた情報しか与えることはできない。そして、その限られた情報で「判断」されるのであるから、その限りある情報で、いかにして「人の心を虜にするものにするのか」について、必死に考えたのである。

そこで僕は、オンラインの特性を徹底的に考えてみた。

「気軽さ」「拡散性」「レバレッジがある」「ターゲットを絞りやすい」など、様々な要素があるが、「人から信頼されるには」という観点から見てみると、答えは一つしかなかった。

それは、「アーカイブ性」だ。

つまりそれは、自身の様々な過去の時間軸と今の時間軸、未来の展望を見せることで、河本真という人間に共感し、尊敬をし、「無意識で追いかけたくなる人」だと認識させるような投稿を、ＳＮＳアカウントで「残していくこと」だったのだ。

対面（オフライン）には対面の良さがあるし、メリットがある。だが、「今」という時間軸は基本的に刻一刻と過去になっていくし、僕が発した言葉を、相手が自分のペースで情報を吟味していくことは難しい。

しかし、その対極にあるオンラインは、実際に記事や音声、ビデオなどのコンテンツとして残しておけば、その情報をサイト訪問者がいつでもどこでも好きなときに好きな場所で「チェック」することができる。

つまり、あなたの過去や人間性をうまくコンテンツとしてログとして残しておけば、勝手に相手はあなたへ親近感を覚え、気付かないうちにまるであなたと一度お会いしたことがあるかのような錯覚に陥ってしまうのだ。

ここで、わかりやすい例をあげてみよう。

たまたま街で見かけた、所謂一見怖そうな同級生の不良が、歩いてきた犬の前でデレデレになり、何とも愛らしい表情をして、その犬と戯れていたら、その不良の意外な一面に魅力を感じてしまうだろう。

人は、基本的に相手の「一面」しか見えていない。だが、その「相手」の意外な一面がどこかで垣間見れることで、その人物に対して好意を抱いてしまうのだ。

そこで僕は、この心理を徹底的に応用し、SNSで村人に、「河本真」という人間性をさらけ出すようにしたのである。

もし、挑戦し、失敗し、何かを学び、変化していく嘘偽りのない「人間の成長」が感じられるようなアカウントがあったら、「どんなに役に立ちそうなお得ブログ」よりも、まるで「小説」を読むかのごとく、読みたくなってしまうと思ったからである。

僕は、過去にやってきたことを全て整理し、「なぜ行い、何がキッカケで行い、どうなったのか、また、今のどの行動に繋がっているのか、今後、どうなっていきたいのか」といったことも全て書き出し、そのために今すべきことも全てSNSで公開していった。

次ページは当時書いたものの一例だ。

若干、20歳のときの日記だったので稚拙な表現が多いが、リズム感とドライブ感があるので当時の大学生の一般的な動きとは異なっていて多くの大学生の目に留まることができたのだ。

著者が20代のころのSNSの1コマ

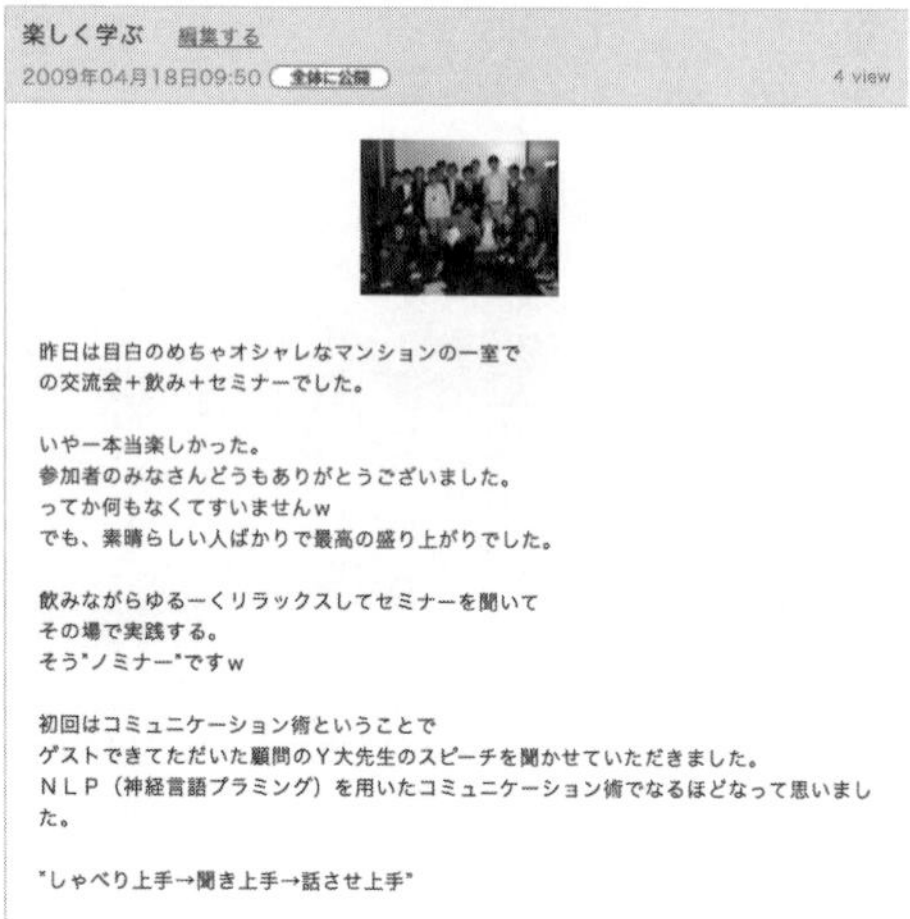

楽しく学ぶ　編集する
2009年04月18日09:50　全体に公開　4 view

昨日は目白のめちゃオシャレなマンションの一室で
の交流会＋飲み＋セミナーでした。

いやー本当楽しかった。
参加者のみなさんどうもありがとうございました。
ってか何もなくてすいませんｗ
でも、素晴らしい人ばかりで最高の盛り上がりでした。

飲みながらゆるーくリラックスしてセミナーを聞いて
その場で実践する。
そう"ノミナー"ですｗ

初回はコミュニケーション術ということで
ゲストできてただいた顧問のＹ大先生のスピーチを聞かせていただきました。
ＮＬＰ（神経言語プラミング）を用いたコミュニケーション術でなるほどなって思いました。

"しゃべり上手→聞き上手→話させ上手"

日々の出来事や、そこから学んだこと、失敗したことや当時の挫折時のリアルタイムな感情、これからやろうと思っていることを全て書き出してみたのである。

当然ながら、当時大学生で大学生の枠を越えて行動して、かつそのライフスタイル（涙や失敗、学び、挑戦、未来）をＳＮＳでアウトプットしていく深度があるＳＮＳを運用している人は、他には誰もいなかったので、大学生ながら1年と少しの期間でマイｍｉｘｉ（FBでいう友達の数）はあっという間に上限の999人にまで上りつめた。

マイｍｉｘｉになった時点では、8割以上はまだお会いしたことがなかったが、毎日僕のことをＳＮＳ越しでみているので、僕という人間に非常に興味を持ってくれた。そのため、僕が開催したイベントやセミナーには、ちょっと告知するだけで、多くの人が来てくれたのである。

「オートメーションお遍路徘徊スキーム」を利用する

あなたは、ただ単に自己開示をして自分自身のことを書いただけで、いとも簡単に人が集まるのを不思議に思うかもしれないが、何も実績がなかった僕がm·i·x·iで圧倒的な影響力を持てたのには、とっておきの秘密兵器を駆使したからである。それが、「オートメーションお遍路徘徊スキーム」だ。

僕は常に、自分自身を戒めるためにも「人間がつくったものに完璧なものなどは一切ない。不完全だらけだ」という言葉を忘れないようにしており、それは僕の今のビジネス観にも大きく影響を与えている。

大学生だった僕が、m·i·x·iで圧倒的な影響力を持てた大きな理由の一つは、まさに「m·i·x·iの穴場」を発見したからである。

人がつくったものに完璧なものなどは一切ない。完璧ではないということは、どこかに「歪み」や「穴場」があり、そこに旨みが生じているのだ。

例えば、世界の時価総額トップに位置するＧＡＦＡＭなどは、第1章でも述べたように、まさに「税」の歪みを非常に賢く使い、合法的に税金を限りなく少なくしている。他にも製造業も、自国でつくるよりも遥かにコストが安い国に工場を構え、恩恵を相当受け取っている。

これは一例だが、この世界は、人がつくったものには、探せば「歪み」が必ずどこかに存在する。当然ながら、これを見つけられるかどうかが「恩恵を受ける量」に非常に大きく比例してくることになる。

誤解を恐れないで書くが、僕は「悪いことをしろ！」「法律違反をしろ！」などと伝えているわけではない。ただ、何かを始めるときに、この思考を頭に入れて物事を進めることで、想像以上の結果を手にすることが可能になることをあなたに提案しているのだ。

さて、ｍｉｘｉの話に戻るが、僕は、ｍｉｘｉの機能を研究しているときに「足跡機能」というものに心惹かれた。簡単にいうと「自分のプロフィールを覗きに来た人を見ることができる機能」だ。
人は、「自分」に興味を持ってくれる人に対して「興味」を持つ習性がある。だから「自身の足跡」に残っている人は、逆に興味を持ちたくなってしまい、こちらからもつい覗きに行きたくなってしまうのだ。そこで僕は、「もし、僕の足跡が自動的にたくさんの方の足跡に残れば、何人かは僕のアカウントに覗きに来てくれるだろうな」と、この足跡を逆に利用することを思いついたのだ。

僕は、どうやったら自分に興味を持ってくれそうな人に足跡を残せるのかを必死に考えた。出てきた答えは非常にシンプルであった。

1　自分でひたすら色々な人のアカウントを踏みまくる
2　他人（友人など）にお願いし、足跡をつけてもらう
3　コンピュータのツールを使う

そして僕が実際に行ったのは、3である。これは、「もしかしたら何か足跡機能を代行してくれるサービスがあるかも」と思い、調べてみたところ発見したのだ。

このツールのおかげで僕は、1日中mixiを見る生活から脱却し、自社の営業社員（ほぼ無料）を手に入れることができたのだ。

営業社員（ツール）が勝手にmixi内を自動的に循環してくれ、僕の足跡をつけまくってくれる。そうして、僕が足跡をつけた方の中で何名かは僕に興味を持ってくれる。その中から何人かは、僕の開催するセミナーやイベントに実際に足を運んでくれる。中でもお金を払って参加してくださった人にはアンケートを取り、要望に応じたセミナーを開催する。そうすることで、参加者を容易に集めることができるし、当然、参加者の満足度も高い。

これは、当時、大学生だった僕が開発したビジネスモデルだ。

実際、多くのSNSなどのプラットフォームには、バグも含めて、それぞれ「歪み」や「穴場」が生じていたりもする。そして、当時、僕がmixiで、自動で足跡を残していたツールのように、その機能を代行してくれるツールもあったりする。

もし、プラットフォームの禁止事項に記載がなければ、これを利用しない手はない。

もちろん、規約違反はNGであるが、ルール内でチャレンジすることで、新世界が見えてくるかもしれない。

ｍｉｘｉでは、この「歪み」は、当然ながら今現在は存在しない。しかし、これから爆発的に世界の人々を魅了するサービスにおいても、このような「歪み」や「穴場」が生じる可能性は極めて高い。

「歪み」や「穴場」を見つける方法とは

では、どうやって「歪み」を見つけるのか。

まず、ＳＮＳでは、それぞれのＳＮＳのメイン機能となるものがある。ｍｉｘｉであれば、「足跡」、Ｆａｃｅｂｏｏｋやインスタグラムであったら「いいね」や「コメント」などだ。これらは、投稿者が一番気になる要素である。「誰が自分に興味を持ってくれるのか」ということに対して、興味がない方のほうが少ないに違いない。

そこで、この「誰が自分に興味を持ってくれるのか」の欲求にダイレクトに直結する機能を見つけ出し、それを実際に自動化してくれる仕組みを探し出せばよいのだ。

この自動化に関しては、必ずしも「ツール」を使うことがイコールとは限らない。

例えば、過去のテクニックだがＳＥＯ対策をする上での一つの戦略が、「被リンク」

の数だったりする。簡単にいうと、いかに自身のウェブサイトが他人のウェブサイトにも紹介されているかということだ。

この「被リンク」を増やすことで、検索をしたときに「上位表示」をとれるという仕組みがわかったら、あとは、「被リンク」を増やす戦略をひたすら考えればよいだけだ。それでかつては上位表示がされたのである。

1日でアイデアが出てこなくても、数日考えれば、少なくとも何かしらのアイデアが必ず出てくるので焦らずにじっくり練っていくことが重要である。ポイントは、「空腹時」をつくることと、良い油を摂取すること、そして、紙とペンを持って移動することである。自分の状態がよく（血流がよく）、自身の五感への刺激が変わると多々良いアイデアが出てくるのだ。

例えば、「（自分のところの）サイトをあなたのサイトに紹介してくれたら、〇〇をプレゼント！」といった告知は、非常に有効な戦略の一つであろう。

このように、実はビジネスだけに限らず、この世界には必ず「歪み」や「穴場」が生じている。そして、これらは決して自ら「ここに歪みがありますよー」などとアピールは決してしない。ヒッソリと眠っている場合がほとんどだ。

なので、あなたがしっかり落ち着いたモードで見て、「このシステムのどこにウマミがあるのか?」と自身に質問し、ゆっくりシステムを研究する。ポイントは「仕組みを理解すること」だ。

僕がｍｉｘｉの足跡機能を生かしたマーケティングを思いついたのは、ｍｉｘｉの仕組みとユーザーの動向を常にチェック(研究)していたからである。大事なのは「探す」ことをやめないことなのだ。

そして、諦めずに探し出した人のみが、この恩恵を受け取ることができるのだ。

オンライン人力車 VS オンラインテーマパーク

こうして僕は、大学生時代に開発したビジネスモデルで、自分流ベーシックインカムを得ることができた。当時大学生であったが、毎月15~30万円程度は稼いでいた。

僕のように、これからオンライン上での資産を構築していきたいのであれば、まずは2つのパターンがあるということを知るとよいだろう。この2つは、あなたの夏休みをつくってくれる大事なシステムだ。

それは「オンラインテーマパーク」と「オンライン人力車」だ。

「オンラインテーマパーク」とは、その名前のとおり、テーマがある「公園」だ。

例えば、「世界中のカッコイイモミアゲを紹介するモミアゲイズム」というウェブサイトや、「世界中の億万長者の睡眠ルーティンを研究するウェルススリープ研究所」など、思わず人が見たくなってしまうような場所をつくることだ。

この「オンラインテーマパーク」のポイントは、よく見かける個人ブログや情報まとめブログではなく、現代人が今、最も追いかけている「熱」が入り込んでいるテーマであったり、思わず頭から離れなくなってしまうテーマが望ましい。

よく勘違いされている方がいらっしゃるが、ブログやウェブサイトをつくるときに「自分の過去の経験」や「知識」だけで勝負するのはやってはいけないことである。

例えば、あなたが「世界中の億万長者の睡眠ルーティン」をシェアするウェブサイトをつくろうと思いついたとする。しかし、ほとんどの人は、自分には睡眠に関しての知識はさほどなく、また億万長者の友人もいない場合、そのサイトをつくるのを諦めてしまうだろう。

だが、僕は言いたい。「だからこそ大チャンスなのだ」と。

まだ誰もやっていないからこそ、そこに「ウマミ」があるのだ。

特に今の時代は、ほとんどが所謂私見をたっぷりズラズラ綴るウェブサイトばかりだ。だが、そのような一人でできるものは確かに作成者にとっては自分のペースで進められるので楽かもしれない。しかし、逆をいうと参入障壁が低い分、同じようなサイトを始める人もそれなりに多いだろう。

このように「自分」だけをコンテンツホルダーにしたウェブサイトではなく、「世界中の億万長者の睡眠ルーティン」の例のように、「限りなく多くの登場人物」がいて、その人々の熱も感じられるウェブサイトは、作成するのにも時間がかかり、それなりに労力もかかることから容易に真似することはできない。

当然ながら、その「苦労」の分、有益なアーカイブとなり、アクセス数を稼ぐことができることから、デジタル資産としての価値は高くなる。

常にあなたがチャンスだと思って始めようとしているビジネスが、参入障壁が低ければ低いほど「強豪」や「マネされる」ということを絶対に忘れてはいけないのだ。

特に、オンラインビジネスは儲かっていると、とても目立つ。だから簡単に真似される可能性も「大」なのだ。

オンラインは、最初から「気軽に始められる」からこそ、他者に真似されないために、他の人の数倍の思考を働かせて、他にない逸品をつくる必要があるのだ。

「オンラインテーマパーク」は自分がプロデューサーになる

以上のことを踏まえ、僕は複数名でつくる「オンラインテーマパーク」を推奨している。ポイントは「一人」ではやらないことだ。

これは、次章でも話していくがデジタルビジネスオーナーは、何かを始めるときに「常に誰の力を借りることで、もっと効率的にうまくいくのか」を考えることが大切だ。

なぜなら、自分一人では時間的にも、知識的にも、また、肝心なアウトプットのボリュームや質にも限界がある。しかし、あなた以外の人にも協力してもらうことで、その効果は数倍にも跳ね上がり、また他力により自力のレベルも上がっていくのだ。

例えば、キッチンの掃除の仕方のブログやSNSを行おうと考えても、「そもそも私の家のキッチンは人に見せられるほど綺麗ではないし」、「他に綺麗な人が見たら、何か悪口言われるかな」など気にしてしまう人も多いだろう。

しかし、最初から発想を変えて、「インスタグラムなどで、キッチンなどを掲載している先輩方に秘訣を聞いてみよう！」と、うまく他力を使う発想を取り入れることで、あなた自身に今コンテンツがなくても、十分に魅力的で他の人が真似できないサイトを始めることができるのだ。

そうすれば、ただの一個人のブログやサイトではなく、「キッチン周りが綺麗！のプロママ100人に聞いた毎日5分キッチンメンテの秘訣！」というメディアに変わる。出演していただく方も、あなたの企画が面白ければ面白いほど、もちろん「無料」で手伝ってくれるはずである。

このような専門家やプロフェッショナルの方々を100名以上集めたサイトは、当然ながら人の目を惹くし、何よりあなたも勉強になるし、他に真似されにくいのである。

これが夏休みをつくってくれる「オンラインテーマパーク」である。

「オンライン人力車」は自分がインフルエンサーになる

そして、もう一つの「夏休み生活」への道が「オンライン人力車」のパターンだ。

これは、言い換えると「インフルエンサー」ともいえる。ここ数年、お笑い芸人や芸能人が、マスメディアで手に入れた影響力を武器に「SNS」などを始め、うまくマネタイズする方々が増えたが、まさにその例のとおりである。

なぜ「人力車」なのかというと、僕が以前、日本一レベルの高い人力車が集う京都でトップ成績を出し続けている人力車の達人に「なぜあなたは人気なのか?」と聞いたところ、次のような答えが返ってきたからだ。

「人は楽しそうに動いている人や乗り物を追いかけたくなるんですよ。速いだけでもよくない。楽しそうに少し速いテンポで動くのがコツなんです」。

まさにSNSでも通ずるコツだと感心した。

この「オンライン人力車」は、実は今の知名度などは一切関係なく、これから始めても「影響力」をつけることができる。

実際に僕も知名度はなかったが、「高速」でオフラインとオンラインを移動し、若干ではあるが影響力をつけることができた。

「他の人にないユニーク性」さえあれば、SNSで人を虜にすることは可能だ。もし、あなたが渋谷のスクランブル交差点を歩いていたときに突如、空飛ぶ人を目撃したら思わず見てしまい目で追ってしまうだろう。

同様に、既に渋谷スクランブル交差点に人が四方八方に向かい何かを探索しているようなSNS上で、あなたが高速で動き、人が追いかけてしまうような人生を、毎日楽しんでいれば「フォロワー」は自然とやってくる。もちろん、多少なりとも「各SNSのアルゴリズム」も理解する必要はある。

よく、「1日最低○回発信をする」「フォロワーを集めるには、発信!発信!」とSNSでフォロワーを集める鍵は「発信である」と連呼する方がいるが、どんなに発信をしても、内容が面白くなく、またストーリー性がなければ人は追いかけたいと思うはずがない。

SNSの鉄板のワードである「フォロー」「フォロワー」の言葉のとおり、「追いかけたくなる」「追いかけられる」ためには「高速移動」をするしかないのだ。

この「高速移動」とは、何も物理的な移動だけを意味しない。もちろん、毎日様々な場所に「移動」して投稿しているだけでも相当「追いかけたくなる」が、思考の「移動」、人間的な成長（精神の「移動」）、関わる人の幅の「移動」などでも十分なのである。

この「移動の速さ」に加え、読者（フォロワー）への興味やシェアの気持ちがあれば、ＳＮＳでは影響力をつけたも同然なのである。

そしてエンゲージメントも、最近のＳＮＳでも非常に重要な要素の一つである。あなたが誰よりも早く動き、その一部を切り取って文章や写真でＳＮＳに残し、そんなあなたに興味を持ってくれる方にあなたも興味を持つことで、あなたの濃いファンは急増していくのだ。

具体的には、フォロワーからのコメントに返信したり、感謝祭を行い、フォロワーが喜ぶ企画を行ったりすることで、ますますあなたの価値をあげることができるだろう。

結局、「オンライン人力車」によるＳＮＳビジネスは、人への興味がないと、人を惹きつけ続けることは難しい。だが逆に、人が好きであり、成長するのが大好きであれば、「オンラインテーマパーク」よりも「オンライン人力車」のほうが向いているだろう。
ただ、これはあなたが「商品」になっていくビジネスなので、過去にそれなりの組織を引率した経験やカリスマ性などが問われるので、誰でも簡単にできるというわけにはいかない。「オンライン人力車」は、自分が「商品」であることが強く求められる。もし、自分が「商品」としてまだ確立されていないのであれば、「テーマパークビジネス」から始めることをおすすめしたい。

課金は○○○の副産物!?

あなたの夏休みを最大限に楽しくエキサイティングなものにするためには、あなたの代わりに24時間働いてくれるキャッシュフロー、つまり自分が起きていても、寝ていてもお金が入ってくる仕組みをつくることも重要である。

世の中には、様々なお金のもらい方（発生方法）があるが、やはり、時間を差し出してお金をもらう働き方には限界がある。なぜなら1日は24時間、どんなに働いたとしても限界があるからである。

また、「オン＝働いているとき」はよいが「オフ＝働いていないとき」に収入をストップさせるのは機会損失ともいえる。それに、老後の問題を考えていたとしても「時間」を切り売りするお金のもらい方だけに頼っていると、やはり精神的にも安定しない。

かといって、所謂あなたの代わりに「お金」を増やしてくれそうなものには、「危険な臭い」も多少する。不動産投資による家賃収入、株式投資による配当金、ＭＬＭ（ネットワークビジネスによる権利収入）、などなど不労所得と一見呼ばれているものはそれなりに魅力的だが、リスクがあるのも事実だ。

むしろ、今の時代はこの「不労所得」で釣り、詐欺を横行している人も少なくない。なので、慎重に見極めていかなければいけないのだ。

僕は、このような「案件」や「物件」に頼るのではなく、自分に頼り「自ら」発掘することをおすすめしている。

なぜなら、今の時代は、テクノロジーなどの発達のおかげでインフラがかつてないほど整備されている。そのため、インターネット上で、さほど初期費用もかけずにアイデア次第では「不労所得」に近い収入を得ることが可能だからである。

実際に子どもに人気の職業の一つに「ＹｏｕＴｕｂｅｒ」がランクインしているの

は、楽しくシンプルにマネタイズできるからだろう。
前述した僕のｍｉｘｉを使ったビジネスモデルなども、まさにその一例だ。

当時は、毎週末イベントやセミナーを開催していた。そのときは行っていなかったが、当時、もし一度開催したセミナーの録画をして、毎週末ごとにネット上で流したり、アーカイブとして見られるようにしていたら、これらの仕組みが自動キャッシングマシンになってくれていたのはいうまでもない。

ポイントは、24時間、あなたの代わりにお金に生み出してくれるものを、なるべくお金をかけずに複数、インターネット上に設置することだ。

例えば、ブログやＹｏｕＴｕｂｅなどはその例に近い。

一度、ある一定数の人から求められ、毎回見たくなってしまうようなウェブサイトを構築すれば、そのウェブサイトがあなたの代わりに24時間、営業してくれることになる。そして、そこで何かしらの課金が行われる仕組みをつくっておけば、まさにあなたが寝ている間もお金が発生する状態をつくったことになる。

つまり、あなたが楽しく進化でき、かつお客様の役に最大限に立ち、かつ、お金が儲かる交点を探し出して、それをデジタル上に設置するのだ。

ＹｏｕＴｕｂｅは動画のシェアサイトだが、ＹｏｕＴｕｂｅ上だけでも広告収入やグッズ販売、メンバーシップ（会員制）などの課金機能が搭載されている。

そして、この機能があることをユーザーは既に理解しているし、人の消費活動を見てもサブスクやクラウドファンディングなど、毎年そのバラエティは増えている。

なので、お金をもらう方法に関しては、システムがかなり確立されているといえるのであるから、そこでのマネタイズの方法を優先して考えてしまうことはナンセンスであろう。それよりも今の時代は、このデジタルの可能性に魅力を感じて、実際にオンラインを中心にビジネス展開を始める方が急増しているので、その中で、他にない何かしら光るものがないか、自分にできることがないか、を探すことのほうが優先すべき事柄である。

結局、デジタル上であなたの代わりに24時間営業をしてくれ、セールスから課金までをしてくれる媒体をつくるには、あなたのサイトでの「滞在時間」を長くさせるのと同時に、「また見たくなってしまう」要素をつくるしかないのである。

なぜなら滞在率が長いとSEOでの評価はもちろん上がるが、長い間自身のウェブサイトに滞在し、もし楽しんでくれれば、そこで購買活動が行われたり、あなたのファンになってくれたりなどの2次行動が自然と生まれていくからだ。

実際に、ディズニーランドは、まさに滞在時間を長くさせるためにアトラクションの予約待ちをさせたり、各種イベントなどを開催し、館内に楽しくステイさせる工夫をとことん行っている。

この理由はもちろん、入場者の滞在時間が長くなれば長くなるほど、食事やお土産など、落としてくれるお金も増えていくので、とにかくついつい「時間」を忘れさせて長くいさせる工夫をかなり上手に行っているのだ。

つまり、ここで伝えておきたいのは「人が無意識でまた見たくなってしまい、長居したくなるもの」をオンライン上につくっていけば、そのキャッシュフローがあなたに「時間」と「自由」と「幸せ」をもたらしてくれるということなのだ。

脳内に依存させる悩殺ウェブサイト構築術

ディズニーランドにまた行きたくなる理由は、「非日常」だからであるというのはいうまでもない。

簡単にいうと「現実」を忘れさせるような工夫がうまく行われているのだ。なので、実際に多くの方の「オフの過ごし方（子どもの記念日も含めて）」の中の優先順位のトップに「ディズニーランド」がランクインしてくるわけである。

「ディズニーランド」がエンジョイできるのは、物理的な移動を行うことで五感から入ってくる情報が全て変わり、「気分」が変わるから。なので楽しくて当然なのだ。

一方、ウェブサイトでは、五感を全て刺激することはできない。しかし、視覚と聴覚は刺激することができる。つまり、サイト訪問者（オンライン上の通りすがりの方）の視覚と聴覚に、普段感じたことがない「刺激」を、できれば潜在意識レベルで与えることができれば、サイトを見たときの脳内の化学反応が記憶される。そうすることで、また何かのタイミングで思い出し、見たくなってしまうのだ。

ここ数年でSNSなどのインフラが整い、またマネタイズも容易になった関係からSNSなどでの発信者は急増した。「オンライン上で発信→マネタイズ」という構図が多くの人の頭の中に加わった。

しかし、残念ながらほとんどの人はマネタイズができていない。実際にアクセスやVIEWがそれなりにあるが、本人の満足度はさておき、端から見ると全く収益に繋がっていない方はかなり多い。一般的にインターネットでは、人の役に立つ情報（精度と鮮度の高いもの）を配信していれば、アルゴリズムにより人が集まる（SNSの場合はエンゲージメントを稼げる）と言われている。

だが、実際にこれらを徹底していても収益化できていない方は多い。人を集められても、「あ、知りたい情報が無料で公開されていた。ありがとう」で終わってしまうのだ。

もちろん、単純にアクセスを集め、スポンサーを集い、スポンサー収入や広告収入（Google AdSense）などで稼ぐビジネスモデルもあるが、毎年、アドリテラシーが上がっていく今の時代において、広告だけを頼りに収益化するウェブサイトは時代遅れだと個人的には思っている。

わかりやすく例えると、デート中、相手がどんなに役に立つ知りたい情報を常に提供してくれたとしても、それが理由で好きになることはないということだ。

当然ながら、あなたが相手を「こんな気持ちにさせて……」というような、相手の気持ちに変化を与える要素がないと、一線の壁は越えられない。

そして、「こんな気持ち」というのが、まさにウェブサイトでも同様の鍵である。少ないアクセスやＶＩＥＷでも、「こんな気持ち」にさせることができれば、あなたのウェブサイトは極めて価値の高いウェブサイトになり、宣伝しなくても毎回遊びにくる人が増えるだろう。

ではどうやったら視覚と聴覚だけで「こんな気持ち」にさせるのか。僕がいくつか使っているテクニックを公開しよう。

1 物語（ストーリーライティング）

人は物語が大好きである。学校の眠たい授業の内容は覚えていないが、当時読んだ漫画の内容や言葉を覚えているのが人の脳の面白いとこである。

ご存じの方も多いだろうが、ウォール・ストリート・ジャーナルのキャッチコピーは、約30年間同じコピーが使い続けられている。その広告文を見れば一目瞭然だが、彼らは、物語をメインにした広告文に変えたことで、売上が伸び、巨額の富を得たのである。

人に記憶させるためには「物語」を多用し、想像させ、様々な感情を味わってもらうことであなたのウェブサイトの虜になるのだ。

2　抽選や当たりなどを入れる

宝くじは、胴元に「50％」も取られているが、それを知ってもなお人々を夢中にさせる魅力がある。実に不思議な仕組みである。本当に切実にお金が欲しいのであれば、その宝くじをやりたい人たち（お金が当たる感覚を得たい人）に向けて情報配信したほうが遥かに儲かるのではと思うのは僕だけだろうか。

実は、宝くじにハマる人は、お金「だけ」が欲しいというわけではない。

彼らは、「スリリングな気持ち」を味わいたいのだ。宝くじを買ったその瞬間から、発表日までのワクワク感。そして、発表日当日に、ドーパミン、アドレナリンを全開に分泌させせながら、確認する瞬間がたまらないのだ。

宝くじを買う人は、このプロセスを味わいたいのである。宝くじを購入することにより興奮した時間を長く確保し味わいたいというわけだ。

そこで、この心理をあなたのウェブサイトにも入れ込めばよい。

「1000人に1人1万円が当たる！」

「LINE@で毎週1回抽選を行う！」

このように、すぐにできることは多々ある。メルマガに登録をしてもらい、そのナンバーを保管し、30日後までのタイミングのどこかで当選者を発表するといったことでもいいだろう。

僕は、新刊を出すときに、「ベストレビュアー」にプレゼントをするような企画を行うことが多い。レビューを書く方は「プレゼント」が欲しいがために真剣にレビューを書いてくれる。そして、当選者発表までの日まで「自分が当たらないか？」とドキドキしてしまうのだ。このようにお客様を興奮させ、新しい時間をシェアする仕組みはかなり簡単にできる。

3　繋がりの要素を入れる

一般的に「幸せホルモン」と呼ばれるホルモンには、「セロトニン」や「ドーパミン」などがある。これらは自分一人でも「分泌可能」だ。

だが、唯一、一人で出すことができないホルモンがある。それは「オキシトシン」である。オキシトシンは、母親が授乳時に出るホルモンと言われ、別名「愛情ホルモン」とも言われている。

このホルモンは、人間関係によって分泌されるホルモンである。目を見つめあったり、手を繋ぎあったり、誰かから「名前を呼ばれたり」することで分泌されるのだ。

これは、現代人が間違いなく一番枯渇しているホルモンではないだろうか。子どもは、生命維持のために泣いたりして、無理矢理、親など大人の「意識」を自分に向けさせる。そして、周囲の人に抱っこをしてもらったり、頭をなでたりしてもらい、あやしてもらう。これは「オキシトシン」を、自身で分泌させるためだと僕自身は考えている。ハグをする、見つめあう、肌を触れ合う……。これら全て、大事なことである。

しかし、ご存知のとおり、人間関係が希薄になりつつある現代社会において、このホルモンは不足しがちだ。そこでペットを飼ったり、マッサージに行ったり、猫カフェなどに通ったりして、類似体験をして人はオキシトシンを分泌させている。

そこで僕は考えた。オキシトシンをオンライン上でも分泌させるような仕組みをつくればよいのだ、と。

具体的には、ウェブサイトに「コメント」を残せるようにして、あなたや担当者からしっかり名前付きで返信したり、「診断シート」などを装備し、実際に「お客様の価値を評価し、相手の要求に沿ったアドバイスを伝える」ような仕組みである。

アパレルの通販であれば、実際に、お客様に自分自身の写真を撮ってＬＩＮＥなどで送ってもらい、こちらでファッションチェックをしてアドバイスをメールで返信したりするのもよいだろう。

オキシトシンは、親密な会話でも分泌されるので、親身になったアドバイスをすることで、お客様には、「オキシトシン」が分泌される。

しかも、それだけでなく、こちらが好意を見せることで、相手も好意を示す「返報性の原理」も働くので、その後の「購買率」も遥かに上がるであろう。

他にもコミュニティ化をしたり、ワークショップを開催したり、あなたのウェブサイトに集う者同士が、お互いの評価やどう思っているかを話す機会をつくることで、あなたの「ウェブサイト」の価値は極めて彼らにとって重要なものになる。

4　感動させる（大事なものを想起させる）

動物と違って人間は「感動」を食べる生き物である。感動する瞬間を嫌う方はいない。「感動」する瞬間こそ人生の醍醐味だと思っている方は少なくはないはずだ。

なので我々は、常に感動をしたくなるような行動を無意識にとったり、感動が詰まった作品（映画や、小説など）を常に探してしまう。

なぜ感動したいのかはさておき、感動したら、当然ながら感動させてくれた対象が、あなたの「脳裏」に深く書き込まれるに違いない。

あなたも、今まで購入したサービスや物品で、何かしらの感動を受けたら、リピート購入をしたり、知人友人に紹介したことが、少なからず一度や二度はあるに違いない。オフラインであれば、隅々まで行き届いたプロフェッショナルなサービスを行ったり、お客様の個人情報などを覚えてそれを元にサプライズプレゼントをしたりなどが可能である。しかし、オンラインの世界で感動させるには少しばかり「技」が必要だ。なぜなら、相手の動きが見えないので、一方的な情報しか提供できないからである。

一番良い方法はYｏｕTｕｂｅのチャンネル「Lｉｆｅ　Vｅｓｔ」のように「人間関係の暖かさ」や「人として大事だが忘れてしまっていること」の重要性が伝わるようなビデオをつくり、ウェブサイトに掲載することだ。

なぜなら、毎年、人間関係が薄弱化する今の時代において、人との繋がりやドラマ、感動を想起させてくれたり、その価値に気付かせてくれる人はそういないからである。人はどんなにテクノロジーが発達しても人を求める。多くの方が求めている幸せの正体の一つは「人間関係における奇跡」なのだ。

実際に「Lｉｆｅ　Vｅｓｔ」の動画を見ると、「もっと人のことを考えたく」なってしまう。そして、不思議と温かい気持ちになる。

人は「日々の忙しさ」に追われ、大事にしなければいけないと思っているが大事にできていないものを、その重要性や大切さを「インパクト」付きで示唆してくれるものを見ると、「大事なことが想起され」、心を動かされるのだ。

例えば、「たまには子どもにアレコレ言うことは一度忘れて、全力の笑顔で一緒に笑顔になる時間をつくりませんか」というセリフ。

これは、人にとっては難しく感じるかもしれないが、一番簡単なのは「人生の有限性」を意識させ、その中で普段忘れがちな大事なものや人の優先順位を上位にあげる表現をすることである。そうすれば、このセリフを聞いた人は、心が動かされ、「子どもとの時間を大切にしよう」となるはずだ。

僕自身は、「電磁波から身を守るシールドパンツ」を販売している。男性でこれから「妊活」を考えている方への機能性パンツである。

このパンツを販売するページに左記の表現を記載している。

＊＊＊＊＊＊＊＊＊＊＊＊＊＊＊＊＊＊＊＊＊

「大好きな人との愛をしっかり形にして『命』に繋げるための大事な瞬間のために今から『命』の前準備しませんか？」

「なかなか子どもができないなぁ」「相性がよくないのかな」など、険悪なムードを二人の間に流さないために、

今、あなたができる二人の愛をさらに濃い太いものにするための下着。

＊＊＊＊＊＊＊＊＊＊＊＊＊＊＊＊＊＊＊＊

ただ機能性を語るだけでは、「人の脳」に記憶されない。大事なのは、「大事なもの」を思い出させるシチュエーションをつくり出すことなのだ。

今、ネットで様々な商品が販売されているが、どのウェブサイトも同じようなものばかりだ。確かに情報が整理されており、「欲しい」情報が取れるが、実際に「心」が動かない。こういった商品たちが並ぶウェブサイトは、立ち寄ってはもらえるが「心」に落ちてこないので、当然ながら「お金」も落としてもらえるはずはないのだ。

しかし、「電磁波から身を守るシールドパンツ」のように、大切な人、愛する人を想い、産まれてくる二人の子どもを待ち望むような文章を掲載することで、ただの情報が羅列されたただの「ウェブサイト」ではなくなり、温かい気持ちになる「ウェブサイト」に進化するのだ。

もちろん、この他にも、気持ちが動かされ、また訪れたいと思うウェブサイトにするアイデアは色々とある。

毎年テクノロジーは発達し、様々なものが容易になり、かつての時代はできなかった機能がオンラインでも実装できるようになった。しかし日本人は、固定概念を破壊するのが苦手なので、日本語のウェブ上には挑戦的かつ刺激的なウェブメディアは残念ながらあまりない。だからこそ、あなたが過去のオフラインの経験の中で忘れられない場所や経験などを全て思い出し、それらをできる範囲でオンライン上でも実装すれば、「忘れられないオンラインの居場所」になり、何度も立ち寄りたくなるはずだ。

オンラインでのビジネスは非常に魅力的である。だが、思考を妥協してはいけない。実店舗と同じように「サイト」を見つけた瞬間（入店）から閉店までの動きをデザインしないといけない。

もちろん、なるべく長く滞在する仕組みをつくりながら。

０円で〇〇〇できる４つのアイデア

ここで一つ、おすすめの「自動課金アイテム」を紹介しよう。それが電子書籍だ。Ａｍａｚｏｎなどで出版すれば、既に決済システムの導入の手間も省けるし、また、レビューの数が信頼となり、さらにあなたの書籍をプロモーションしてくれるからである。

また、Ａｍａｚｏｎが誇るＡＩによる自動レコメンド機能により、あなたの書籍を自動的にＡｍａｚｏｎが売ってくれるのだ。

これによりＡｍａｚｏｎからの売上も見込めるのはもちろん、電子書籍ならあなたのウェブサイトに訪れた方にも、価格的にもハードル的にも手に取ってもらいやすい。なので、電子書籍は、一番最初に試してみる価値がある課金アイテムといえる。

ただ、当然ながら1冊だけの売上では微々たるものなので、これだけで生計を立てていくのは至難の技である。

そこで、書籍ではない「24時間課金できる商品」をつくる必要がある。もちろん、書籍を書くのが好きな方は、電子書籍一本でも十分だ。

実際に日本ではまだ聞かないが、アメリカでは電子書籍からの収入だけで毎月６００万円以上稼いでいる方もいる。もちろん、毎月数冊というように、ペースが常人レベルではないが、事実ベースとして「ここまでいける」のも事実である。

さて、話を戻すが24時間課金できるアイテムをつくるには、まずはあなたのウェブサイトを楽しんでいる方が、「何を売ったらお金を払ってくれるのか」をしっかりリサーチする必要がある。

最近では「オンラインサロン」などへの課金誘導が流行っているようだが、「他で流行っているから」という理由で課金アイテムを選定しないほうがよい。なぜなら、実際にあなたのウェブサイトのファンの方々が、必ずしもその課金アイテムを求めているか否かは別の話であるし、実際に「自分の性」にあった課金手法ではないと、継続できないからである。

「もしかしたら、もっとお客様が喜んでお金を払ってくれる仕組みがあるかもしれない」と思ったほうが、結果的に儲かるサイトが構築できる。

そこで、僕が考えた実際の課金方法をご紹介しよう。

1　オンラインサロンに代表されるコミュニティ

誰しも、自身と似た趣味や興味を持つ方と仲良くなりたいと思っているに違いない。

そして、オンラインでは実際に自分と似た方々を集めやすいし、ここ数年はコミュニケーションも気軽になり、かつ、ほぼそういったコミュニティサイトは見るだけなら無料にまで近づいた。

会社や家庭とは異なる自分の居場所をつくりたいと思っている人も多いため、そういったサイトにもっと積極的に関わりたいと思っている人からは「月額○○円」の「運営料」を頂戴することができるのだ。何もあなたがリーダーとなってその「コミュニティ」を引率しなくても、その場所をつくってくれたこと自体に価値があるので、「運営料＝居場所をつくった代金」だと思えばよい。

2 寄付

ウィキペディアなどは「無料」でサービスを提供する代わりに、サイトユーザーに対して「寄付」を積極的に募っている。数日から数週間の期間で、世界中から何千、何百万ドルという寄付が集まる。

つまり、世の中には「寄付をしたい」方がたくさんいらっしゃるのだ。何かのサービスのお礼として寄付したい方の他にも「お裾分け」として見知らぬ方に寄付を行う方も少なくない。しかも、中には、「サービス」は一切不要でも、寄付をする人もいる。

オンラインでのビジネスでは、実はこの「層」の方々にも簡単にリーチできるので、何も商品がない方でも「それなりの収入」を見込める可能性は高い。

もちろん、寄付したくなる何かしらの気持ちを事前に提供しているのはいうまでもない。

「私は不労所得を得たいので寄付してください」では誰も相手にしてくれないので、言い回しのセンスは必要である。

例えば、「コーヒーを一杯奢ってくれませんか？　あなたにより良いサービスを今後も届けるために」、「新商品を開発しているので、興味がある方はチップをお願いできますか？」、「あなたの1000円を私が100倍にしてこのウェブサイトを通して多くの方へ届けるので、愛のプチ投資をしてくれませんか？」などなど、人が寄付したくなる言葉をうまく使えば、何も売らなくても、それだけで十分である。

このときのポイントは、「低めのハイテンションでアプローチをする」ことだ。

気合いを入れて「お金をください！」と声掛けをするとドン引きされる可能性もあるが、腹黒な部分を含みつつ、少しテンション高めで「一部が僕の私利私欲に消える募金箱」などのように、あえて「欲をオープン」にすることで逆に人様がお金を払ってくれるのだ。

今の時代は特に「人に新鮮な気持ち」を与えることでも集金ができる時代なのである。

3 デジタルコンテンツ

電子書籍、e－Book、映像コンテンツ、オンラインスクール、Mp3（音声配信）などは値段設定も自由だし、サーバーに置いておけばあなたが納品したり在庫を管理したりする必要も一切なくなる。

ただ、これらは基本的に自社媒体で販売すること（Amazonなどの信頼性の高いプラットフォームは使えないこと）や、限界費用がゼロに近いビジネスなので、実態がなく逆に人によっては「怪しい」と思われがちだ。

なので、多少なりとも怪しく見せないための工夫は必要である。ポイントは「〇〇大学」、「〇〇アカデミー」、「〇〇教室」など、すでに多くの方が「学び」と「お金」をトレードしている既存の名前をうまく付けることである。

例えば、僕は「マイル」や「ホテル」などをセンスよく活用し、お得に海外旅行をして人生の見識を広げるオンラインスクールを運営しているが、「ガチンコマイル塾」というネーミングを付けることで、「お金を払って学ぶ場所」だということを意識させているのだ。

基本、粗利が多いビジネスほど誰しも取り組みたいし、実際に儲かるので、盲目的になりがちだが、「実態がないビジネス」こそ、怪しまれるのが落ちなのでネーミングから、活動理由や方針などを予めしっかり設計しないと評判を落とすことになる。

なので、このデジタルコンテンツは非常に魅力的なキャッシュフローだからこそ、その利益率に相応しいだけの思考をしてから販売をしていかないと当然ながら長続きはしない。

4　グッズ販売

人は自身にとって「影響を与えてくれた方」を常に生活の近くに置いておきたいものである。だからこそ、アイドルのポスターを買ったり、Tシャツを買ったりする。

このように、あなた自身の媒体のファンがそれなりにできたのであればグッズ販売もおすすめだ。これは実態があるので、それなりに売りやすいし、当然「怪しさ」は払しょくできる。

ぬいぐるみ、ペン、キーホルダー、ノート、Tシャツなど我々がイベント会場などで「興奮の前後に手を出してしまう」ものをオンラインでも当然ながら販売可能である。

もちろん、デジタルコンテンツほど粗利は出ないが、OEMなどを使い、倉庫から発注作業までも外注すればあなたの生活は自由をキープしたままである。実際、画像をアップすれば、注文に応じてオリジナルグッズを販売できるサービスも複数ある。

グッズ販売は、グッズという物品がリマインドさせるので、それなりに「ファン」を囲い込みもできるので、メインの収入源にはしなくとも、それなりにおすすめである。

以上が自動課金のアイデアである。

今の時代は、マネタイズできるプラットフォームはかなりある。なので、お金の集金方法で悩むことはなくなった。

SNSにて取得できる情報レベルは当然ながら上がり、情報は限りなく多くの方の認識として「無料」になった。だからこそ、「無料が当然」のSNS社会の中で、大事なのはもっともらしい「理由づけ」になる。

「なぜ課金するのか?」、「無料コンテンツとの違いは何なのか?」等々。

この違いをしっかり「納得してもらえるように」説明する必要があるし、この言葉のセンスが上手な方がそれなりの富を手にしている時代なのだ。

人が「思わず納得してお金を払う理由」をあなたが開発することが、今の時代においてオンライン課金を確立するためにマストなのである。

第３章

大人の夏休みのつくり方

極上の人間関係編

経済力だけでは真の幸せは得られない

夏休みを最大限に楽しむためには「経済力」は必要不可欠である。

経済力は、毎日の選択肢を増やし、また「あなたの世界観」を広げてくれるからである。当然、ストレスも減らすことができる。

日々の選択肢が狭いということは、かなりストレスだ。今まで、東京から大阪に移動するのに「夜行バス」しか選べなかったのを「飛行機」や「ハイヤー」など、自身にとってベストな手段を選べるので「何かにコントロール」されることが減る。なので、多くの方は「経済力」さえつければ、「ストレスから解放された別世界が待ち受けている」と勘違いしてしまう。

だが、「経済力」だけでは人生は豊かにならないのも事実である。

当然、人生には「お金で解決できない問題」もそれなりにあるし、「お金では手に入れられない幸せ」も多々ある。

その代表例が「人間関係」である。お金に困らない人生を多くの方は求めるが、お金が湯水のようにあっても、人と常に揉め、人から嫌われ、信頼できて相談できる人がいない人生であれば、お金がない以上にストレスフルな毎日になってしまう。

かといって人と一切お付き合いせずに一人で生きる道も、最初は「楽」かもしれないが、オキシトシン不足で孤立感からの不安や不調を産み、耐えられなくなるだろう。

つまり、毎日ストレスなく人生をトコトン快適に生き、365日夏休み生活をエンジョイするためには、「質の高い人間関係」が必要不可欠なのである。


本章では「大人の夏休み」、「FIRE」的生き方をトコトンエンジョイするために必要不可欠な人間関係、簡単にいうと、「お金にも人にも困らない」状態になるためのポイントについて綴っていきたい。

幸せのベースを最大化させせよ!!

多くの方は「幸せ」を求め、「幸せ」になろうとする。しかし、その幸せは「言葉ばかり」が先行し、その正体に関して迫る方はいない。

科学的な観点から見ると、幸せの正体は「脳内ホルモン」である。そして、一般的に「気持ちがいい！」、「幸せ！」と多くの方が定義する幸せホルモンで代表的なのが、

「ドーパミン」、「セロトニン」、「オキシトシン」だ。

それぞれ「分泌されるタイミングや条件」は異なるが、24時間の中でこれらのホルモンがたくさん分泌されると「幸せな1日だった」と人は感じるのではないかと僕は考えている。そして、この「幸せホルモン」が分泌される仕組みを、意図的ではなく、いかにして自動化していくかが、「自動で幸せになる毎日」をつくる上で、非常に大事な鍵なのだと思う。

これら幸せホルモンの中で、「ドーパミン」に関しては、多くの方は、生活の中で自然に分泌されていることが多い。

「ドーパミン」は報酬系ホルモンと言われ、「達成」などのときに出る瞬発性のあるホルモンだ。スマホでのゲームや会社などでの表彰、その他、評価されたりすることで分泌される。そのため、実は現代社会では、普通に生活していても「ドーパミン」が1日の中で多く分泌されている方はそれなりに多い。

一方、「セロトニン」は幸せホルモンの一つで、不足すると「うつ病」になると言われており、「日光浴」や「規則運動」などをすると分泌される。なので、日光浴をしたり、リズム運動を行ったり、先に紹介した丹田式呼吸などの呼吸法を毎日の中に組み込むだけでそれなりに分泌される。

「ドーパミン」と「セロトニン」の2つは、自分一人で「デザイン」できる「ホルモン」である。しかし、最後の扉である「オキシトシン」は、残念ながら一人ではどんなに最高の習慣をデザインしようと分泌されないのだ。

先の章でもお話ししたとおり、「オキシトシン」は、ハグをしたり、目と目を見つめ合ったり、褒められたりしたときや、相手からの「思いやり」を感じたときに分泌されるホルモンである。

僕は、この「オキシトシン」が分泌されるように意識をしてから、毎日の「ハッピー感」は数百倍になったと言っても過言ではない。では、どうやって「オキシトシン」の分泌を増やしたらよいだろうか。当然、人間関係によって分泌されるホルモンなので、人と関わる必要がある。

だが、人間関係は「ハッピーな側面」ばかりではないのも「事実」であるので、避けたい人が多いのも事実だ。

そこで、あえて人と付き合うことを避け、SNSはログだけにしたり、オンラインゲーム、ネットフリックスといったオンライン映画館など、一人でも寂しくない状態をキープできるメディアばかり利用するという人も多い。

これらだけで1日を過ごすことは、ストレスがかからず、ある意味、大変有意義かもしれないが、「オキシトシン」の観点から見ると、残念なことに、全く「幸せホルモン」が分泌されていないので、実は「もったいない」ことのほうが多い。

「オキシトシン」は、思っている以上にあなたの「夏休み」を快適かつ幸せにしてくれるので、ぜひ人との関わりを増やす生活を心がけていただきたい。

極上の人間関係における恩恵を高速体感

人間関係は、人類にとって永遠のテーマだ。

実際に今もニュースを見れば、大抵の報道は「人」と「人」がぶつかって起こした問題ばかりである。それが個人レベルであったり、会社レベルであったり、国家レベルであったり大なり小なりはあるが、結局問題の原因は人間関係に起因する。
この問題は、多くの方が解決に向けて様々な施策を行ったり、提案をしているが、未だに「人間関係の問題が減っている」という感覚がないのは僕だけだろうか。
そのせいか、その反面教師で「メンタリズム」や「心理学」が流行っているが、実際にそれが解決の根本にはならないことを、多くの方は薄々感じているはずだ。

なぜ人間関係は、問題ばかりを生み出すのだろうか。そして、その人間関係によって生じた問題を解決すれば、「幸せな人間関係」が生み出されるのだろうか。

答えは間違いなく「ＮＯ」である。

船井総研の船井幸雄先生が唱えた「長所伸展法」は、簡単にいうと「短所」を直すよりも「長所」を伸ばすことにフォーカスを置く手法で、企業が業績を伸ばすために使われる手法だが、人間関係においても応用可能であり、大いに有効な手法である。
「長所伸展法」とは、簡単にいうと「短所を補うより長所を伸ばしたほうが幸せになれる」というセオリーである。

これを企業や個人で活用している方はそれなりに多いが、「個人」や「団体」ではない人間関係という「関係性」において、このノウハウを応用している方はそういない。

しかし、人間関係によって生じる「短所（問題）」よりも「長所（良いところ）」をピックアップし、お互いの間にフィードバックしていけばよいのではないかと、僕は23歳のときに思ったのである。そして、「良い」人間関係において生じる「恩恵」について書き出してみた。

人は、「痛み」を避けて「快楽」を得ようとする生き物なので、人間関係における「長所」を理解し体感することで、無限大に「人間関係の快楽」を開発するだろうと思ったからである。

僕が当時発掘した「恩恵」は、左記のとおりである。

お互いに起きる化学変化

1　脳が繋がった瞬間に、数々のアイデアが産まれる
2　心が繋がった瞬間に、ハートが動き、幸福感に満ち溢れる
3　お互いの強みや才能をフィードバックすることで、自分一人では知ることのできない強みや才能を知ることができる

4　お互いの中にあるモヤモヤや抱えていた悩みをシェアしあうことで客観視でき、自動的に解決に向かう
5　チームや組織になることで、強烈な一体感が生まれ不思議な力が働き、うまくいく
6　くだらない話などで笑いあうことで薬が不要になり、身体がリフレッシュする（表情も自然に良くなる）

自分における恩恵

1　相手のために頑張れる（パワーが出るし、迷いが消える）
2　悩みを一人で解決する必要がなくなるので、問題を恐れずにドンドン前に進める
3　相手の相談にのることで、徳が積まれる
4　他人の心理状況がわかるので、ビジネス力が上がる
5　リラックス、（良い意味での）緊張感などの自分一人だけでは限界がある感情を即座に手に入れられる

これ以外にも、まだまだある。ぜひ、本書をお読みのあなたも「人間関係でしか得

られないもの」は何かを、一度徹底的に書き出して、客観視してみてほしい。

最初は出てこなくても当然だ。ただ、脳は一度、この人間関係における恩恵を意識し始めると、あなたの代わりに24時間無報酬で働いてくれる。そして、ある日「ポッ」とアイデアをあなたの脳に導き出してくれるのだ。

これができると、人間関係のイメージがガラッと変わり、受け身の姿勢から「攻めの姿勢」に変わる。人間関係において生じる恩恵を、最大限に積極的に受け取ることをつくり出せる「リレーションシップクリエイター」になっていくのだ。

当然、人間関係においての恩恵を一度「生み出せる」ようになったら病みつきになり、自然に恩恵を開発するようになるのだ。

「365日夏休み生活」いわゆるFIRE的生活をさらに濃く素敵なものにするには、自分一人だけでは「限り」がある。

だが、「人」と「人」によって生み出される何かが、あなたも人生の醍醐味となることを覚えておけば、地球上のどこで生きようが一瞬で幸せな思いを味わうこともできるのだ。

僕もまだまだ勉強中だが、人間関係において生じる「ウマミ」を理解し、その術をいくつか自身で開発したおかげで、人生が数百倍楽しくなった。人間関係が怖くなくなり、「ドンドンお互いで、面白いものをつくっていこう」という積極的な姿勢に変わったのである。そこで、「自分では生み出し方がわからない」という方に、僕が開発した大人の夏休みを最大限に謳歌するための人間関係をスムーズにし、恩恵を得る術を紹介していきたい。

厄介な人の見極め方

レストランで嫌いなメニューをわざわざ注文する方はいない。だが、人間関係においては「嫌な人」を簡単には避けられずにわざわざ「嫌いな人」とお付き合いをし、非常に困っている方は多い。

当たり前だが、こういった人と付き合うことであなたの時間は奪われ、思考やストレスやホルモンへの影響も、思っている以上に大きい。

例えば、スーパーの店員のように、そこまで毎日時間軸を重ねる人はさほど選ぶ必要がないとして、あなたの24時間の中で同じ時間を重ね合わせる人は、慎重に選び、しっかりルールを持って付き合い、適度にメンテナンスしたほうがよいに決まっている。

「You are what you eat」という言葉をご存じの方も多いだろう。「あなたは食べたモノでできている」という意味だが、あなたの脳や身体は、食べ物と同様、一緒に時間を過ごす方からの見えない「エネルギー」や「情報」を摂取している。

なので、あなたが時間を大事にしたいのであれば「付き合う人」には慎重になるべきなのだ。

タイムマネジメントの世界では、まだこの「人」が「人」に与える影響が、その人と会った後の時間にまで浸透するということが考慮されていない。

実際にあなたも経験があると思うが、ポジティブな人とポジティブな時間を過ごすとその後もしばらく「ポジティブ」な状態をキープできる。だが、反対にネガティブな人と接するとその後もしばらく「ネガティブ」なモードになってしまう。つまり、人と時間を過ごすことは想像以上に「時間の質」に影響を与えているのだ。

ところが僕たちは、「自分の感覚」よりも「世間体」や「周りからの目線」を優先してしまいがちだ。そのため、「肩書き」、「権威性」などによって「自分の感覚器官が察知し、危険だと与えた信号」も無視してしまうのである。

「あなたの収入は、よく付き合っている5人の平均だ」と自己啓発の書籍に書かれている内容をまともに信じ、カラダは全力で拒否しているのにもかかわらず、「お金持ちになるために」と自身に言い聞かせ、無理矢理、好きでもないお金持ちと一緒に時間を過ごそうとしている人も増えているようだ。しかし、それは「お金」と引き換えに「健康」などを阻害しているようなものであり、そういった行動はやめるべきだと思う。

もう一度繰り返すが、相手があなたに与える影響は、あくまでもあなたの感覚が一つの判断材料だ。どんなに周りから尊敬されており、たくさんの立派な肩書きや職歴があっても、一緒にいて「何か疲れたり、違和感を覚える」のであれば無理に付き合う必要はない。

なぜなら、そのような自分自身で認識していないレベルでの「疲れ」や「ストレス」を回復させるために、さらにあなたの「時間」や「エネルギー」を取らなければいけなくなり、それは非常に非効率だからである。

一番大事なのは、あなたの感覚である。また、その精度を高める手段の一つとしてセルフO-リングテストもおすすめだ。O-リングテストとは大村恵昭氏が1977年頃に考案した方法であり、筋の緊張を利用して生体情報を感知する検査手技である。簡単にいうと生体そのものが極めて敏感なセンサーであり、そのセンサーを可視化するための検査である。

少しばかり紹介しよう。O-リングテストは、本来二人一組で行うのがベストである。まず、右手の親指と人差し指で「輪」をつくって、残りの3本の指は自然に伸ばしそして、左手の手のひらの上に身体にあまり良くないと思われるモノ、例えばタバコやお酒などを乗せる。

次にもう一人に、同じように指で輪をつくり、鎖のように繋ぐ。そして、左右に引っ張って輪を開けてもらう。そのとき、自分は、輪が開かないように指先に力をこめる。

このときのあなたの指の力の入り具合で検査、確認をするのがO-リングテストの基本だ。

左手の手のひらに置いているものが、自分にとって健康で安全なものだと、なかなか輪が開かなくなり、逆に害のあるものだと不思議なことに、輪が簡単に開いてしまう。

このようにO-リングテストは実際に行ってみると、とても簡単に、良いもの（力が入る）、悪いもの（力がぬける）の鑑別が簡単にできる。また、左手を身体の胃や肝臓などの各部分に当ててみて、その場所の健康状態をも確認することができる。最初は無理矢理力を入れてしまったりするが、コツを掴むとどんどん精度があがり上手になり、身体の声、感覚がわかるようになってくる。

僕たち人類は、この「感覚」によって、数々の地球の危機を乗り越え、生き抜いてきたのである。もっともっと自分の感覚を信じてみよう。

ただ、ここで注意して欲しいことが一つある。

それは、あなたの体調がもともと悪い場合は、誰と会っても調子が悪い。そこで、「あれ、調子が悪いな。あの人のせいかな」と自分の自己管理不足によるただの体調不良を、他人のせいにしてしまってはいけない。なので、自己の体調管理だけは、常に徹底していただきたいのだ。

もちろん、仕事などの都合でどうしても嫌な気持ちになってしまう人とお付き合いしなければいけないときも出てくると思うが、そのときは、このように接してみよう。深呼吸を何度も行い、「この方は別の惑星からきた宇宙人であるから価値観も違うし、仕方がない。なので、無理に反応する必要も理解する必要もない」と心の中で唱えるのだ。例えば、ハエが部屋に入ってきて一瞬嫌な気持ちになったとしても、そのことがずっと気になって眠れない人はいないように、「自分とは違う惑星の住人」だと思うことでダメージは最小限に抑えることはできる。

だが、もちろん、長期的に考えた場合、あなただけの「夏休み」を謳歌したいのであれば、付き合う人には慎重になってほしい。いくら仕事とはいえど「後味の良い方」が多い職場を選んだり、自身で付き合う人を選べる仕事をするといった方法で仕事を選ぶべきである。

幸せメーカーに囲まれる極意

誰しも「良い人とお付き合いしたい」と思うのは当然だ。だが日本では「付き合う人を選ぶ」文化がなく、ほとんどの人は、そもそも「良い人」について、深く考えたことがない人が多い。そのため、この人間関係で妥協をする人も多いのだ。

先にもお話ししたとおり、近年、物を少なくし選び抜いた本物のアイテムだけをとことん愛するミニマリズムが流行っているが、人生の質を高めたければ当然ながら人についても厳選しメンテナンスしていかなければいけない。

付き合う人を厳選することで「余計な人の目」が気にならなくなり、あなたの毎日は「見えない何か」から解放される。そうすれば、余計な力がドッと抜け、見える景色がグッと変わる。すると疲れることがなくなるので、エネルギッシュになれ、クリエイティブ能力は当然格段と上がるのである。

さらに、僕にとっては「この人のために」という「愛」が毎日に加わることが、個人的には一番大きい。誰かに愛され（誰かがあなたのために生きていることがわかり）、誰かを愛せることは、あなたの毎日をさらに輝かしいものにしてくれるだけでなく、才能までも間違いなく開花させてくれるのだ。他にも数々のメリットが存在するが、愛を得ることで、何よりあなたの「夏休み」がさらに楽しくなるだろう。

もちろん、この愛を与えたり、与えてもらう人には、「家族」はもちろん、信頼できる「友人」や「仕事のパートナー」も含まれる。

では、どうやってこういった人を探し、選択すればいいのだろうか。

まず、「あなたの24時間の質を一緒に高め合える人はどこにいるのか。そして誰なのか」と自身に質問をすることが重要だ。これは拙著である『働かない働き方。』でもタップリ綴らせていただいたが、実際に自身に「質問する」ことで、普段は見えなかった現実の宝物が多々見えてくる。

つまり、あなたの脳に質問をインプットさせ、無意識下で探させるのである。人間の脳は「質問」によって自動検索を始める。あまり知られていないが非常に便利なシステムだ。

例えば、「小学5年のときの担任の先生は誰だっけ?」と今自身が思い出せない状態で自身の脳に問いかける。すぐに答えは出てこない。しかし、脳はその検索を24時間勝手に続けてくれる。そしてしばらく経過したある日、「ポッ」と答えを出してくれる。このような便利な仕組みを誰しも持ち備えているのだ。これを使わない手はない。

「あなたの人生に相乗効果が産まれる相手は誰?」と、あなたの脳が探そうとした瞬間から、あなたの現実は変わっていく。例えば、何気なく通っているカフェの店員さんの雰囲気が素敵だったので声をかけてみるといったように、あなたは気付かないうちにいつもとは違ったアクションを行うかもしれない。

人は、モノとは違い、どこかで売っているものではない。どこにあなたの24時間をさらにアップグレードしてくれる仲間（恋人、メンターなど）がいるのかは、誰もわからない。だからこそ、出会いには意味があるし、運命を感じるのだと思う。

ただ、出会いはあなたが探し始めないと見えてこないのは事実だ。待っていてもやってはこない。しかし、「脳に質問するだけで、答えはいずれ出てくる」と話したとおり、今すぐ誰を選べばよいかがわからなくてもかまわない。「探そう」と脳に刻むことが大事なのだ。

さらに脳の「感度」を高めるために、おすすめしたいのが「プチ徳を積む習慣」を始めることだ。一切見返りを求めない「人のため世の中のためになること」を始めると、信じられないレベルで人間運が上がり、気付いたら周りは素晴らしい方ばかりに囲まれることになる。

実際に僕自身、学生時代に海外ボランティアサークルを始めた。これは海外の社会問題を理解し、解決しようとするサークルだ。「良い人に出会うため」に始めたわけではないが、結果として素晴らしい方々と出会うことになった。

そして、ここでそのことを学んでから、今はオンラインで「徳積み活動」を行うようにした。具体的には、2010年から、当時YouTubeでは有料級のメンタルやマインドの話を無料で公開していったのだ。

今でこそYouTubeで何かを勉強したり、ノウハウを公開する人がいるのは当たり前のことになったが、当時は「YouTube＝PVや音楽を見るモノ」という認識だったので、まだ僕のような教育系コンテンツを無料でやっている人は誰もいなかった。

僕のような変な若造が自己啓発などを無料で公開していたら面白いのではないかと素直に思ったから始めたのである。

そして、この「徳積み活動」を継続していくと、とんでもないぐらいに自身の周りには面白い人、ゴキゲンな人が集まっていることに気付いたのだ。

いっぽうで、収入や人脈など何か見返りだけを求めた活動も過去何度か行ってきたが、そういったエネルギーで始めた活動で出会った方とは、残念ながら一時的なお付き合いはあっても長期的なお付き合いにはならなかったのだ。つまり、良い人に出会うためには（引き寄せるためには）、あなたが「面白そう」と思えることで「自分の管轄外の人」を喜ばせるアイデアを継続的に実践することが一番なのである。

毎日ゴミ拾いをするのでもよいし、挨拶をすることでもよい。コンビニの店員さんに「ご苦労さま」と言うことでもよいだろう。

僕のように「オンライン徳積み活動」を行ったり、Ｆａｃｅｂｏｏｋのお友達に毎日感動的な誕生日メッセージを送ってもよいし、ＳＮＳやＡｍａｚｏｎの書籍のレビューで、読み手を喜ばせるようなコメントをしてもよいだろう。

どんなに小さくてもよいので、継続していくことが大事なのである。

あなたが幸せをつくり、それを周囲に広めていれば、あなたと同じように幸せをつくる人が自然と集まってくるのだ。

幸せメーカー（ゴキゲン人）は、○○な人

このように、自分が幸せを広めていると「ゴキゲンな人」が間違いなく集まってくる。これは、自ら「掴んだ！」というより、気付いたら「集まっていた！」という感覚に近い。あなたがゴキゲンな徳積みを行ったことによる副産物というイメージが相応しいだろう。

では、どうして気付いたら「集まっていた！」という状態になるのだろうか。それは、特に「紹介される」という伝染術を通して数々のゴキゲン人が集まってくるからだ。

簡単にいうと、「徳積み活動」により、あなたが誰かを意識する以上に、あなたのことを意識してくれる人が増えていくのだ。なぜなら、あまり「徳積み活動」をするような人がいないため、必然とあなたと一緒に時間を過ごしたいと思う人が増えていくからである。

しかし、当然ながらあなたの毎日の時間は限られているし、お誘いに全て応えていたらあなたの大事な時間やエネルギーは枯渇してしまう。

ちなみに、過去数千人とお会いしてきた結果、このようなゴキゲン人の特徴は、人と出会っている最中は一切他のことなどは考えず、悩みや問題を常に把握している相手の話をしっかり受け入れ聞くことができ、また相手の素晴らしい部分や話をしていて気付いた「嬉しいポイント」を常にフィードバックしてくれる方が多い。

また、そういった方をさらに研究していると、たいてい小さいときに両親や誰かに愛されているベースがあり、何かの分野で頑張り抜き、壁を乗り越えた中で実績を出している方が多かった。愛から得られる安心感はクリエイティブや愛嬌の母体であり、苦難は人を思いやる原動力となる。

そして、こういったゴキゲン人は、自分のフィールドや興味をとことん追求する一方で、相手を気持ちよくさせることに「喜び」を感じている方が多いのもの特徴の一つである。

僕自身のことでいえば、僕の人生の優先順位として一番は「Ｆａｍｉｌｙ」であり、そこが僕のベースとなっているので、周りにも家族を大事にしている人が自然と集まってくる。もちろん、中には2~3年に1回しか家族と会わないという仲間もいるが、そういう人は「頻度」よりも「会ったときのお互いを思いやる気持ちや時間の質」を優先しているので、その時間がさらに素敵なものになっていく。

この家族との濃密な時間は間違いなく夏休みを色鮮やかにしてくれる。

幸せを増幅させるコミュニケーション術

「How was weekend?」

これは、僕が海外で生活するようになってから知った、お気に入りのスモールトークである。欧米諸国では、知人友人などと月曜日に会ったときに「週末どうだった?」と聞くのが一般的である。挨拶のような意味合いもあるが、たいていの方が「週末に自分が経験した楽しかった」ことを共有しあう。みんな、とても素敵な週末をエンジョイしている。

「週末はスキーに行ったんだ!」

「僕は、家族で1泊2日のキャンプに出かけたよ!」

このような会話がたいていは聞け、まるでお互いが「幸せな時間をどれだけ流したのか?」を自慢しあうかのように、週末の報告をしている。

そして、この瞬間、お互いの顔は「微笑ましい」何ともいえない幸せそうな表情になり、会話が盛り上がることも増える。当然、お互い楽しい気持ちになるし、たとえ週末そこまで「充実」していなかったとしても「今週末は最高の週末にするぞー」という気持ちになる。

僕はこの習慣のおかげで「楽しい時間をつくる」ことが、さらに楽しい時間を産むことを知った。

楽しい気持ちでいれば良いアイデアも浮かんでくるし、自然に良い表情になるので、自然に「地球貢献」をしてしまっている状態になる。

これは、夏休みを最も簡単に「ハッピー」にしてくれるテクニックだ。

しかし、日本だと週明けの月曜日に会ったとしても、「天気の話」や「最近のニュース」など全くお互い興味はないが仕方なく挨拶の代わりにするコミュニケーションになり、気分がお互い上がらないままの状態が多い。

そもそも、日本の本屋に行き、置いてあるコミュニケーション術の本を手に取ってみればわかるだろうが、コミュニケーションというよりも、ほとんどが「沈黙の恐怖を避ける」ための書籍なのだ。

なので、気まずい状態を避けることはできるかもしれないが、お互いの会話によって気分がウキウキしたりすることはないのである。2人の間のテーブルに本音が置かれることはないだろうし、当然、良いアイデアも普段は出てこない。

なので、僕は日本でも自身のチームや家族とMTGするときには、「How was weekend?」をアレンジして「お互いが幸せになるような質問」を常に事前にお互いで発表するような仕組みを持つようにしている。

例えば、次のような質問だ。

「最近あったチャーミングだった出来事は何ですか?」
「今、あなたの中にある嬉しい予感は何でしょうか?」
「今、楽しみなことは何ですか?」

このような、誰しもが質問されたら嬉しい質問をお互いで行うようにするのだ。

これによりお互いの脳に「ゴキゲン(GOOD FEELING)スイッチ」が入

り、そのチームでコミュニケーションをしている間はもちろん、その後のお互いの時間も、楽しいものを自然に探すようになってしまうのはいうまでもない。

これは自問自答のように一人でやっても若干気分が上がるが、複数名で行い「聞き手」がいたほうがさらに「気分が上がる」のはいうまでもない。何よりこれは「無料」で、いつでもどこでも誰とでも行えるのだ。ちょっと元気がない人がいても、この会話を5分でも行えば、5分後は見違えるような表情になっているものだ。

このように、お互いが気持ちよくなれるコミュニケーションを持っていると、かなり人生は常に楽しくなる。

そして、その楽しい時間を一度覚えるともっと「楽しい時間」を過ごしたくなるのが人間だ。「毎日の質」も上がり、かつその「コミュニケーションする環境へのこだわり」も変わってくる。

僕は妻とほぼ24時間356日一緒にいる生活を、かれこれ10年近く続けているが、この「お互いの脳が気持ちよくなるコミュニケーション」を様々な場面で愛用している。

あるときは、散歩をしながら。

あるときは、お気に入りのカフェのテラス席で。

あるときは、ホテルのバー。

あるときは、公園のベンチで。

シチュエーションを変えるだけで、とにかく楽しいのだ。

そして、お互いがノッてくると、ますます楽しくなってくるし、普段は絶対に思いつかないアイデアで脳内が満たされるようになるのだ。

人は、自分の中から「普段は気付くことのなかった未来がよくなるであろう宝」を手に入れた（生まれた）瞬間に、とてつもなく気分が上がり人生が楽しくなる。

当然、自分だけではなく目の前の相手も気持ちよくなっていくので一挙両得である。


余談だが、人を「ハッピー感万歳！」にデザインできるコミュニケーションができる人は、テクノロジーの発達とともに減少傾向にあるので、この技を取得するだけで（実は必要なのは「勇気」だけなのだが）、相当美味しい想いができるのはいうまでもない。

多くの人は「アイデアをたくさん持っている人」を尊敬するが、本当に必要なのは、一緒にいて「アイデアが出る人」なのである。

グッドニュース報道陣を設置する

人間関係とはあなたの想い一筋でうまくいくものではない。

だが、しっかり育てていくことで、あなたの生活の質を格段と高めてくれるのは事実である。特に僕自身が質の高い人間関係を構築することで得られる「大好きな恩恵」がある。

それは、「グッドニュース」が四方八方から常にやってくる状態だ。僕はこれを「幸せのサプリメント」と名付けている。

多くの人は、自分の住んでいる地域や国、また世界で何が今起きているのかが気になる。だからSNSをチェックしたり、ニュースを見たり、新聞を読んだりする。

事実を知ることで、多少なりとも安心できるのと、この先、「何をするのか?」、「どうなっていくのか?」を多少なりとも理解できるからだ。

大半はネガティブなものばかりだが、やはり「チェックをしていない」と、世間に置いていかれる可能性があるので、ついマメにチェックしてしまう。

そこで僕は、人がニュースを知りたくなる、チェックしたくなる心理を応用して、家族や友人、知人からもっと「たくさんの事実（特に良いニュース）」が入ってくる仕組みをつくることで、毎日の生活の質が上がるのではないかと思いついた。

当然、あなたの1日の中にも「良い出来事」もあれば「悪い出来事」もある。また「良い発見」もあれば、「悪い発見」もある。

しかし、多くの方はそれらの大事な発見を「脳内倉庫」にしまったままにしている。

近年は、役に立つ情報やためになる情報などをSNSで発信したり、ブログで発信している方も増えているが、やはり顔が見えない第三者に向かって発信していることには変わりない。

あなたも見知らぬ人の情報を見て、「役に立った！」、「得した！」と思うことはあっても「感動した」、「良い気持ちになった」ことは極めて少ないだろう。

それよりも、身近な人から「試験に合格したよ！」、「結婚することになったよ！」などのハッピーなお知らせをもらったほうが遥かに嬉しいに違いない。

人は、自分の身近な人からの変化や成長、達成に反応し、そこから大きな喜びをもらえる生き物なのだ。

しかし、多くの人は、意識しているかどうかは別として、そういったことを隠し、周りと共有せずにいる。そこで、あなたが家族やコミュニティの中で、これらのハッピーなニュースを循環させる仕組みをつくったとしたら、あなたの周囲の人は、自然とハッピーになれるはずなのだ。

僕は、この仕組みをオフラインとオンラインでつくっている。オンラインでは、自身の経営する会社のチームメンバー内で、日々「デイリーメール」という報告書を共有してもらうようにしている。

「デイリーメールに」は、左記のような項目を送ってもらっている。

・今日行ったこと／達成したこと／ハッピーにした人
・今日学んだこと／気付き
・明日行うこと

・今日の仕事は自分的に10段階中何点か？
・明日、どうすれば10点になるのか？
・質問など

特に「達成したこと」や「学んだこと」などは、ほとんどの人は、人前で発表するのが恥ずかしいし隠したい事柄である。だからこそ、このように「オンライン」の特性を活かして発表しやすくしてあげるのだ。

これにより、発表者（表現者）は、毎日「達成したいこと」を見つけ始めるし、何かを必死に学ぼうとする。また、仲間の濃いレポート（スピリットレポート）を読むことで、その人の決意や学び、変化や気付きを感じることができる。そのため、「読んでいるだけ」で、自分も感化され、やる気になってしまうのだ。

僕は、家族の間でも、これらを発表する時間を積極的に設けるようにしている。

例えば、毎晩の食事やカフェに出かけたときなどに「最近面白いこと何かあったー？」、「最近何か学んだことある？」など、真剣に訊くようにしている。すると、本人たちも言われたあとに「脳内」から今日や最近のニュースを探し始め、発表するようになるのだ。そして、あなたはこの「ニュース」を全力で受け取るようにすることが大切だ。しっかりと聞いて、相手を褒め、感動した！と伝えるのだ。

するとと、発表者の頭の中はこのようになる。

「毎日あったことを話しただけで、こんなに褒められて嬉しいなー。気持ちいいなー。もっともっと成長しよう！」

そして、発表者の毎日もまた、変わってくる。発表できる日の快感をどこかで楽しみにするようになるのだ。


このように、あなたが身近な人のニュースを喜んで受け取り、褒め、感動を伝えるというような、相手が「近況をあなたに報告したくなるような状況」をつくれば、あなたは24時間四方八方から、あなたに喜んで欲しい気持ち一心で、数多くのニュースが飛び込んでくる。相手の24時間の質は格段に上がるし、あなたは彼らの「成長」に感化され、やる気になる。

これは非常に好循環なことである。

新聞を読んでも「やる気」になることは少ないが、身近な人からの「魂がこもったニュース」には感化される。そして、何度でも言うが、これらは「無料」！

今すぐできることである。

もちろん、何も「ニュース」は「良い結果」だけを伝えることではない。「決意表明」や「チャレンジ」などでもよい。あなたも、誰かのチャレンジを聞いて「自分も頑張ろう!」と思った経験があるだろう。

人間は、人が進化しようとしている姿勢に感化される。スポーツ競技を思わず見てしまう理由の一つは、ここにあると僕は思っている。

なので、あなたが未来に向かって進もうとした気持ちが、結果として周りの人のエネルギーになるニュースになるのだ。

今の時代、「個」の重要性が問われ、多くの方が自分一人で全てあれもこれもやろうとしている。しかし、「自力」には限界があるし、一人で何かをするのは、とてもつまらない。

この世界は、あなたもご存知のとおり、食物連鎖があり、循環によって成り立っている。その自然界のシステムのとおり、自身だけで循環させるのではなく、周りの人が循環する仕組みをつくることによってあなたも周りもドンドン豊かになっていくのだ。

そうすれば、「モチベーションがわかない」、「やりたいことがわからない」といった悩みは一切なくなる。

人は、身近な人になればなるほど興味を持たなくなるし、あまり「変わっていないもの」だと認識する癖がある。

だが、あなたも本書を読んで何かしら気持ちに変化が生じているのと同様に、あなたの周りの人の1日にも「良い事件」や「良い発見」、「小さな決意」が生じている。それをあなたが拾い上げ、皆で共有することで、皆の人生に良いリズムが産まれるのだ。

人生は自分一人で生きる必要はない。周りの人と一緒につくり上げていくものなのだ。

余裕を一瞬で醸し出す大人の甘えるスキル

「河本さんは、もっと甘えたほうが人生が豊かになれますよ」。

24歳のとき、尊敬する先輩からこう言われたことは今でも忘れられない。そしてこの言葉は、僕のその後の人生を大きく変えてくれた。

当時大学を中退し、ようやく立ち上げたビジネスが軌道に乗り始め、上り調子の時期だった。今まではありえないような「案件」や「名誉ある実業家」の方々から多々声がかかり、若干「天狗」になっていた。

会計やデザイン、ウェブ業務など以外は自分で全て行っていたし、「自分は経営者だから全て自分でやって、全て把握しているのが当然だ」と思っていた。なので、社員や外注先を使ってはいても、自分の中で100%相手に任せることができなかった。おそらく、「自分のほうがうまくできる」と勘違いしていたのだ。

しかも、「時間をお金で買うのが起業家だ」という言葉を履き違え、自分がやりたくない仕事を人にお願いすることに、多少の罪悪感があった。そこで、この状態を察知したのか、先輩から言われた先のセリフは渾身の一撃だった。当然、「甘える」なんて考えたこともなかったので、しばらく思考が止まってしまったのを覚えている。

そもそも「どうやって甘えるのか?」がわからない。だから、その先輩の甘え方をひたすら研究して真似するしかないと思った。そこで、その先輩のコミュニケーションや人の認識などについて徹底研究してみた。

確かにその先輩は、当時の僕には一切なかった「リラックス感」と「ゆとり」を持ち備えていた。そして、なぜか不思議と近くにいたくなり、周囲の人が「リスペクトの気持ち」と「愛くるしい気持ち」が入り混じったような気持ちにさせる不思議なオーラを持っていた。

当初、その先輩が事業で偉大な成果を出しているから、そういうオーラを出しているのだと思っていたが、実際は違った。先輩の人生には、僕にはなかった「大人の甘え方」というスキルが搭載されているのに気が付いたのだ。

この世界は「人」の評価あってこその社会だ。そして、多忙な現代人は「ゆとり」と「余裕」を持った人間に憧れるし、そんな人物を欲する。

特にその先輩の周りには、「凄い人」がたくさんいた。だが、興味深いのは、その「凄い人」たちが先輩の事業での成功に興味を持ち集まっているわけではなかったということだ。先輩の人間的魅力に興味を持って集まっているのが、僕には目に見えてわかったのだ。

その先輩は、自分の話はあまりしない。むしろ、とにかく自分がいかに抜けている人間なのかを必死にポジティブにアピールする。自慢する。そして、目の前の人間をとことん愛する。そして、相手に「なってほしい姿」と「お願いしたいこと」を絶妙なテンションで伝達する。一度、その先輩の空気感にふれると何とも愛くるしい状態になる。

世の中にそのような「癒やしの空気」を持ったビジネスマンはそうそういないので、先輩の周りには、そういった空気を好む凄い方ばかりが多々集うことになっていたのだ。

なぜ、余裕や癒やしに凄い人が集まるのか。非常にシンプルだが、世の中の凄い人たちは常に自身が活躍できる場所や自分の次のステージを探しているからだ。

ただ、本人だけでは気付けないことも理解している。だから余裕があり、「見えている人」の元に集まっていく。余裕がある人には、相手を見る余裕もあるので、その凄い方々の活かし方も言語化してくれるからである。このように自分より凄い人たちに好かれたら、当然、人生は自動的にうまくいき始める。

この先輩は、僕に「甘えるスキル」がいかに最強なのかに関して、はじめて気付かせてくれた人だった。甘えることで自身も楽になり、余裕ができる。そして、その余裕に、また素晴らしい方が集まってくる。そして、ビジネスが自動で発展していく。

このサイクルが見えた瞬間、僕は、非常にゾクゾクした。そして、そこから僕の人生の中で「甘える」というスキルが登場し、これなしでは生きられなくなった。

ではここで、この甘えるスキルを紹介しよう。このスキルは、非常にシンプルである。まず、自分一人で考えたり、やる必要のないことを認識する。紙に書き出すのがベストだ。そして、あれもこれも全て自分で背負い込み、全て自分でやろうとする状態が、いかに自他ともに「辛い」、「もったいない行為なのか」を客観的に理解する。

「ハイハイ。全部僕やりますよ」という人がいたら、確かに人によっては「非常に親切な人だな」と思われるかもしれないが、心のどこか奥底では「実際は、やりたくなかったりすることもあるんだろうな」という気持ちを察知している場合が多い。そのため、「頑張っている感満載の人」と認識されて、さらに「忙しそう」、「時間がなさそう」という風に思われてしまう。

この状態の人を見かけたら声をかけて何か一緒にやりたいと思うだろうか？　答えはＮＯだ。

自分がこの状態であると気付き、この状態が心底「いやだー」と思えたら、少しずつ自分の中で「考えること」と「やること」を溜め込まずに「外側」に出していくべきなのだ。

つまり人に「任せる」のではなく、「甘える」のだ。自分の嫌な仕事を任せるのは、確かに少し罪悪感を覚える。だが、「甘える」のは、行動の責任を代行してもらう行為ではない。相手をリスペクトし、あなたにしかできない相談話を「愛を持って」行うことなのである。

「これやっておいてー」とコワイ顔で言われて喜んで行う人はそういない。だが、「あなたにしかできない相談があるのだけど」と、相談を持ち込まれると当然、「おーどうしたの?」と耳を傾けたくなってしまうのだ。

問題や悩みを一人で脳内に閉まっておかなくてよいことを知ると、人生はもっと気軽になるだろう。

そして、甘えるときのポイントは、少しニヤニヤしながら「相談があるんですけど」という状態で甘え始めることだ。甘えているので「相談」としては捉えてはいけない。相手の本能をくすぐり、あなたが「マイルドな空気感」を与えていることを常にイメージすることを忘れてはいけない。

子どもにおもちゃをせがまれるときに、「買ってよ！！！」と強く言われると拒否したくなってしまうのが親の心理であるが、かわいい顔で「欲しいなぁ」と言われるとつい買ってあげたくなってしまうように、同じ買うという行動を頼んでいるのに変わりはないが、全く受け手への伝わり方は変わるのだ。

人に頼むときは、あまり力が入りすぎたり、深刻な顔になりすぎると当然、相手も身構えてしまう。なのであくまで「甘えている」ことを忘れないでいただきたい。まるで愛犬があなたの元にスリスリ身体を寄せてくるかのようにするのがコツなのだ。

幸せファミリーへ自動アップデート

僕は、「作戦会議」という言葉が大好きだ。妻や息子としょっちゅう作戦会議を行っている。その作戦会議は、週末の予定を最大限に家族にとって有意義に過ごすためのものであったり、息子の将来性や彼の才能を最大限に引き出すためのものであったり、様々だ。

人生は、「今」の連続であり「長期戦」だ。なので、目の前のことを楽しむのはもちろん大事だが、「計画」や「意図」がないと、日々の対処に振り回される毎日になってしまう。

僕は、人生は程よい「緊張感（適度なストレス）」と「弛緩（適度なリラックス）」のバランスで幸せな状態がキープできると考えており、人間関係においてもこのバランスは非常に重要なものだと思っている。

特に、多くの方は人生の夏休みの時間を、家族と一番長く過ごすだろう。そこで、この時間をしっかりデザインして、濃厚なものにできると、あなたの夏休みの質は格段に上がる。

ここ近年、テクノロジーの発達に伴い、睡眠や食事を意識的にアップデートする方は増えた。人生の中で、睡眠や食事は毎日のことだし、生活の質を大きく支配するので、当然、こだわらないよりはこだわったほうがよいに決まっている。

しかし、睡眠や食事に関しては見直しをしても、実は思っている以上に「生活のリズムを左右している家族関係」をアップデートしようとしている人はそうそういないのが現実だ。家族との関係性が良くなり、バラエティ溢れるコミュニケーションをお互いに取っていれば、人生の質は格段に上がるだろう。食事や睡眠と違い、家族は個々性格も考え方も違う。そのため「法則性や規則性」が見いだせないので研究が難しいのだと思う。

だが、家族関係をアップデートしていくことは可能だ。

僕は、ある時期から「家族のアップデート」は自分の使命だと思うようになり、どうせ世界中を旅するなら世界中のカップルや家族と出会おう、そしてその中で学んだことや気付いたことをどんどん自分たちのファミリーにも採用し、どんどん家族で時間の質を高めていこう、ということを決意したのだ。

そこで自称「家族コミュニケーションマニア」の僕が開発（発見）したいくつかのレシピを紹介したい。

1 愛のベースを構築（満たす）

「僕は、どんなあなたも好きよ！」。この言葉を大事な人から言われて嬉しくない方はそういない。

日本の戦後教育では「これやっちゃダメ！」という教えが多い。なので、大人になったときもその「ダメ」が脳内に残り、何かをするときも「誰かに迷惑がかかるかな」、「怒られるかな」といったことが気になり、新しいクリエイティブをすることをやめてしまう方が多い。

「どうせ、ダメって言われるし……」。

当然、家族内に限らず、チームやコミュニティの中にこのような人が一人でもいると、なかなか複数名が集うことで生じる恩恵である「ハーモニー」を感じづらいし、変化が著しく激しい今の時代に必要な斬新なアイデアは出てこない。そして、その組織の中で一番偉そうな人の意見だけが常に採用されるようになる。

「やっちゃダメ」教育の影響は、今の日本社会において深刻な問題だろう。

そこで僕は、まずは「どんなあなたも好きだよ」という魔法の言葉を、常に家族内で伝えあうようにしている。うまくいったときだけではなく、「失敗したとき」や「落ち込んでいるとき」などにもそのような言葉を投げかけてあげることで、自然に前を向きたくなるのが人間なのだ。

人は、無条件の愛を受け取れると自然にパワーが生じてしまうし、「その人のためにも」というエネルギーでより一層活躍できる。

「イッツオッケー。ドンウォーリー」。

今の時代に必要なのは、お互いの「ＯＫゾーン（やってはダメ、ではなく、やってもいいよという範囲）」をコミュニケーションしながら、未来へのアイデアをお互いで出し合っていくことなのだ。

「こんなものもありなんだ」。そう思えるようになった瞬間から、お互いのギブ力もより一層磨かれるのだ。

2　定点観測とフィードバック（役割の認識と未来）

人間は誰しも評価を求めているもの。

例えば、小中高大時代では年に数回「成績」という形で評価がされる。人によっては課外活動や部活動、スポーツなどで評価をされたり、習い事で評価されたりすることもある。

学校の成績の賛否は別として、日頃の頑張りが報われるのは、誰しも嬉しいものだ。しかし、社会に出るとほとんど「評価」されることはなくなる。自分で自分自身を評価することはできるが、誰かに褒められるほうが遥かに嬉しいし、しばらくその「褒められた瞬間」がハートに残るのは事実だ。

僕は学生時代から「幸せな家族」に興味があったので、様々な家族に実際にお会いし研究していたが、幸せな家族の共通点の一つに、「奥様が評価されている」ことを発見した。これは、奥さんも日頃から「家族」や「社会」から評価されていることが一つのモチベーションになって、その結果、さらに「家族想い」になってしまうのだと分析した。

一般的に外で働く男性のほうが、女性よりも多くの方に接するのでその分「評価」されることが多い。もちろん、悪い評価も受ける。

近年は女性の社会進出もスムーズな社会になったので、仕事の職種やポジションによっても、以前よりは評価されやすくなっているとは思うが、家庭内での評価についてはどうだろうか？ 1日のうちかなりの長い時間と労力を「家族のため」に費やしているにもかかわらず、彼女たちは、その時間に対する労働に対しては、誰も評価してくれない場合がほとんどである。

家事など目に見えない部分は、家族しかタッチできないエリアだ。ここは当然、褒められるためにやっているわけではないが、褒められたらすごく嬉しいエリアでもある。もちろん、家庭によっては旦那さんが頑張っている場合も多々あるので、僕はこのような「頑張り」をお互いに評価しあう機会をつくるべきだと思うし、僕もなるべくつくるようにしている。

僕の場合は、常に会話でも「これからの楽しい時間をクリエイティブすること」を優先する傾向があるので（つまり妻の頑張りへの評価は後回し）、1日の終わりである夕食の時間は感謝の時間として、なるべく「妻の家事へのこだわりや工夫」を聞くようにし、そして、評価するようにしている。

人は誰しも無意識の頑張りを評価されたいものなのだ。

3 イベント

クリスマス、誕生日、近年だとハロウィンなど、1年365日、程よい間隔でお祭り系のイベントがある。

お祭り系のイベントは、皆で楽しめる空気が用意されており、皆、「楽しむ」ために遊びにきているので、この上なく「ハッピーな空気」がつくられるものだ。

子どもが小さい時期は、家族で、誕生日会や卒業祝いなどの「プチパーティ」をしたり、「お祝い」をしたり、「サンクスギビングデイ」のように感謝を伝えあったりすることはあっても、子どもが親離れした後も、このように365日にお互いがウキウキするイベントを盛り込む人は、そうそういないように見受けられる。

しかし、何歳になろうが人は「ウキウキ」したいものだし、自身が無心で楽しめる時間を無意識で欲しているものだ。

僕は何歳になろうが、この「祭りの時間」を家族の中でたくさんつくるべきだと思っている。何よりそのイベントまでの時間も楽しくなるし、そのような機会があることで、自分自身の中で忘れかけていた子どもの頃のウキウキ感や楽しい気持ちを思い出すことができるようになる。

僕は海外で生活するようになって、欧米圏の方々の「お祭り」へのパッションやこだわりに非常に影響を受けた。

彼らは「人目を気にすること」よりも「楽しむこと」に非常に敏感だし、それを優先する。なので家族のメンバー同士の関係性も非常に良好だ。

楽しい時間は「待つもの」ではなく「積極的につくるもの」なのだ。

4　感動、感謝、涙

日本では「泣くことは悪い」とされているが「泣くこと」ほど自身をリセットさせてくれる手段はない。むしろ、泣いたほうが早くスッキリし、再び、やるべきことに集中できる。そこで僕自身は泣くことをオススメしているし、家族にも「泣くこと」を提唱している。

現代社会では「泣いたらダメ」という暗黙の了解にプラスして、日常生活で涙を流したくなる「瞬間」に出会うことも気付くことも減っているので、「映画」などで無理矢理「涙」を流しリセットしている人も多いようだ。

だが、実際に一人で泣くのと「大事な人」と一緒に涙を流しあい、慰め合うのでは、全く解放感や心のリセットレベルは異なってくる。人は誰かに「受け入れられている」という包容力を感じるからこそ、前に進めるのだ。

しかし、筋トレなどと違い、「大事な人と一緒に泣くこと」は、今すぐ実践しようと思っても難しいのも事実である。相手の思いやりに触れたり、悲しい出来事を思い出したり、自身の努力を評価されたりなど、泣ける環境が用意され、感情が溢れ出るようなシチュエーションになると涙が自然に溢れ出てくる。

特にお互いへの愛や想いを語ることはこの上なく恥ずかしいことだが、非常に良い涙を流すキッカケになる。

そこで「毎月1〜2回」は家族でお互いについて本気で語り合う、「シリアスかつロマンチックな時間」をつくるのをおすすめしている。

最初は照れるかもしれないが、最初から「涙を流してもよいトーク時間」と名付ければ、お互い当然ながら泣きやすくなるに違いない。

僕は、この時間で、家族で生じている事実を把握し、それをさらに発展させるアイデアを一緒に向き合って考え、ときにはバカをしあって解放し、ときにはお互いへの普段言えなかった感情を伝えあい、確かめ合っている。このリズムが家族の中にできることで、間違いなくあなたの夏休みの質は格段に上がるだろう。

そして、ある時期に気付くはずだ。この家族のリズムこそが、本当に自分が求めていた「幸せの時間」だということに。

実際に、僕が過去に世界中で出会ってきた数百組の家族が、共通して心の底から笑っている瞬間は、「家族で過ごした時間」の流れを共有しているシーンであるのだ。過去にあった良かった出来事、辛かった出来事、それらを家族全員で笑い話として捉え、楽しく話し合っているシーンほど「ハッピーそうな状態」はそうない。

恥ずかしがらず、最も長く時間を過ごす家族との時間を、もっとデザインしてみよう。時間はかかるが、きっとあなたが想像もできないほどの「新世界の幸せ」が間違いなく待っているはずだから。

第４章

極上の夏休みに
アップグレードさせる極意

夏休みによってもたらされる余裕

今の時代は、かつてないほど時代の変化が速い。このことは常に勉強（人生の学び）をしていないと置いていかれるともいえるが、これは見方を変えれば、新しく何かが始まることが増えるので「穴場（チャンス）」も多々存在しているということでもある。

例えば、産まれたての赤ちゃんを「笑わせる」のは容易だが、お年を召された方を「笑わせる」のは非常に高度なテクニックや技術が必要とされる場合がほとんどである。つまり、産まれたてのほうが「イージーな行動」で「それなりの結果」を得ることが可能となりやすいのだ。

新しく何かが始まることが増えることを「新しく何かが始まる時代」としてとらえると、これは日々「赤ちゃん」が生まれているということになる。それらの恩恵をしっかり活かすような動きを行えば、幸せを自動的に享受することが容易になっていくのだ。

今の時代に必要なのは「夏休み」によってもたらされる「余裕」であり、時代を上から見る「俯瞰的視点」である。多くの方がテクノロジーの目まぐるしい変化に翻弄されているが、実際に落ち着いて見れば「焦る必要」などは一切なくシンプルなのだ。「余裕」や「俯瞰的視点」を得て、多くの方が見えていないものが見えるような生活スタイルと視力を養えば、相当の恩恵を受け取りながら、大して努力せずに黄金の人生を生きることができる。

本章では、あなたが幸せを追求することが、結果として自他ともに幸せになってしまうシステムづくりや、恩恵の多い人生を自動で送るためのセンスの磨き方を一緒に学んでいきたい。

幸せ自動創出ライフスタイルを構築

誰しも幸せになりたいと願い、幸せを求めて生活をする。ある人は幸せになりたくて「結婚」をし、ある人は幸せを求めて「独身の道」を選ぶ。ある人は「経済的自由」こそ「幸せへの道」だと決意し、全てを犠牲にしてもお金持ちへの道を選ぶ。

しかしながら、誰しも「幸せ」を求めるが、誰もその「幸せの正体」や「真実」についいて深く考えたりはしない。

「幸せ」とは、前述したように「ホルモン」そのものなのだといえばそのとおりなのだが、これだけで片付けてしまうのに何だか納得がいかないのは僕だけだろうか。

僕は、世界中を旅して「先進国」と、いわゆる「発展途上国」での「幸せの違い」を見たり、また世界一幸せだと言われている「北欧諸国」で約1か月以上生活をして「幸せの正体」についてとことん考えてみた。

発展途上国に行くと、路上で一見貧しそうだが「幸せな笑顔」が垣間見られる。実際に話をしていても皆「陽気」で楽しそうである。確かに金銭的なハンデはあるが、日本で言われているほど、貧困をハンデだと思っていないようにも感じる。

かたや一方、北欧を訪れると皆、生活に美学を持ち、日々を味わい、楽しんでいる。国民一人が国家全体や未来のことを考え、それすらも楽しんでいるように思える。

そして、彼らの前提にあるのが、「徹底した社会保障」だ。

国が「あなたの老後の面倒を見ますよ。快適にしますよ」とコミットした姿勢を見せて実際に実践しているので、国民は返報性の原理が働く以前に「自然」に国のことを考えてしまうのだろう。

2019年、TEDxで話す機会があったので、「幸せ」について世界中を移動しながら徹底的に考えてみた。そして、僕の中で少しだけ答えが出た。

もちろん、この「幸せ」は全国民万人に使えるものでないといけないので、「カフェラテを飲む」というような個人的な楽しみであってはならない。

僕が世界中を実際に旅して出した、人が幸せになるために必要なものとは「幸せの角度」と「自分への他者からの意識」だ。

前者の「幸せの角度」とは非常にシンプルである。幸せを急激にではなく、少しずつ増やすような作業を行うことによって、幸せが上り調子で増えてしまう期待感をつくることだ。

なぜ急激ではいけないのか?

ダイエットと同様で、急激に上げると急降下する可能性があるのと、実際に徐々に幸せが増えている曲線こそが自身の安心感に繋がるからである。

発展途上国では、日に日に自国が豊かになり、経済的に上向きになる空気が流れている。なので「今は問題があっても」「未来は明るい」と心底思えるのだ。毎年、給料も上がりやすい。なので、楽しく生きることができている。

人間にとって基本的に「何かが増えていく感覚」というのは「幸せ」のベースをつくってくれる。逆に何かが「減っている感覚」というのは「不安」であり「ストレス」の源でしかない。そしてストレス状態が高いとコルチゾールが大量分泌され、思考力や記憶力、判断能力が下がりやすくなる。これはフラミンガム心臓研究で、危険因子と言われている。

そして、何かが「減っている」と、人はときとして非常にナンセンスな行動を誘発する。その証拠に「世界の株価」などは、上がっていくスピードよりも下がっていくスピードのほうが遥かに速い。これは「自身の資産」が減っていく恐怖に耐えられなくなり、即「損失を最小限にしたくなり」売ってしまう心理を意味している。

しかし、逆にいえば、「毎日増えていくもの」を持つことで、「幸せのベース」はつくられる。当然、お金が増えていく感覚（貯金が増える感覚）は誰にとっても嬉しい現象だ。近年だとSNSのフォロワーが増える感覚などもまさにその一つである。

つまり、あなたの人生で「毎年増えていくもの」を増やしていけば、幸せのベースレベルは上がることになる。老い（体力の衰え）以上に増えるものを見つけたり、増えるものをつくったり、増えるものを近くに置いたりすることで幸せのベースは格段に上がるのだ。

例えば、ペットを飼うといったことでも、幸せホルモンであるオキシトシンが分泌されるが、ペットの面倒を見るという行為を通して、自分に懐いてくれる人（動物）を増やしている行為になる。

僕自身は、左記の分野で増えていくものをつくっていくことをおすすめしている。

1　資産（お金や脳内資産も含む）

収入を増やすこと以上に、貯金残高が増えたほうが人は幸せを感じることができる。なぜなら、収入が増えるのに越したことはないが、資産（蓄え）が増えることで、将来への不安を消してくれるからだ。なので、僕は、資産を毎年少しでも増やすことをおすすめしている。まだ、お金に換金されていない、現金の前駆体資産を多々育てておくとよいだろう。具体的には、例えば、ＳＮＳの濃いフォロワーや、電子書籍を無料で配布することなどだ。他にも、誰も持っていない知識なども、いずれ資産に変わるのでこういったものに目をつけるのもよいだろう。

とにかく、生きるための蓄えは増えれば増えるほど安心につながるのだ。

2 人間関係（量よりも質）

人間関係は、たくさんの方とお付き合いし、スマホの電話帳をいっぱいにすることを意味しているわけではない。実際に「あなたの幸せ」を願って、あなたへの「愛」や「感謝」を心から抱いてくれる人、そしてそれらの人からの想いを増やしていくことである。毎年、「自分への興味が失せている」人より「毎年自分のこと（新しい自身も含めて）を理解してくれる人」が増えれば、それは幸せなことである。

人と人とが付き合うことは、時間軸を一緒に重ねることになるので、相手のことをよく知れるようになるのが普通であり本来の形である。それにより当然、相手の幸せポイントや喜びポイントを毎年入手し、自身にストックすることもできるはずである。

このことはつまり、同じ相手と毎年過ごしていることで、より「相手を喜ばせること」が容易になるということである。ここには、「相手の幸せ」を、あなたがより多く知れる喜びも存在している。

あなたが相手を喜ばせれば、同様に相手も、あなたの「幸せポイント」を数多く理解し、覚えていてくれるようになり、それらを与えようとしてくれるだろう。あなたは、その気持ちと行動に感動し、もっと相手を喜ばせたいと思うはずだ。まさにこれは「幸せの循環」といえる。

まずは、相手の「幸せポイント」をとことん理解することである。

3 アイデア

アイデアはお金では買えないが、お金以上に毎日に影響を及ぼす力を持っている。人生を最も豊かにしてくれるのは、「お金」ではなく間違いなく「アイデア」だ。あなたの毎日の質を高めるのも、人を「ハッピー」にするのも、あなたの脳内から生み出された「アイデア」なしではありえない。では「アイデア」とは果たして何であろう？

僕はアイデアとは、未来を楽しくするためのイメージであり、行動であり、メッセージだと捉えている。僕は起床時に必ずバルコニーなどの外気浴ができる場所にバターコーヒーを持って出向き、「今日一日を素晴らしくアップグレードさせるアイデアは何か？」と自身に尋ねる癖をつけている。すると自分の中から答えが出てくる。
「今日は、ＨＩＩＴトレーニングをいつもと違うＢＧＭで行い、来週誕生日を迎える母親への誕生日プレゼントを考え、そして、息子と公園で過ごしながら彼が大きくなったときにやってみたいことを考えてみよう」。

このように、自身の未来が楽しくなる行動やイメージをアイデアだと僕は称している。たとえ、あなたが億万長者になり「早期引退」したとしても「アイデア」がなければ、毎日は退屈でつまらないものになってしまうだろう。

逆に「アイデア」が少しでも毎日の生活の中で出てくれれば、あなたの１日の質はさらに上がる。それが休日の過ごし方であれ、部屋のレイアウトであれ、ビジネスアイデアであれ、次の妻の誕生日プレゼントの中身であれ、どんな「アイデア」でもかまわない。「アイデア」が毎日の中で増えれば増えるほどその瞬間も楽しいし、そのアイデアを実現する瞬間も楽しい。そしてそのアイデアによって誰かが喜んでくれる感覚も楽しいのだ。

毎日のアイデアのレベルを上げるには、とにかく脳の回転を速くする準備をし、移動することだ。僕は、脳の回転を速くするために、腸内メンテナンスと、ＥＰＡやＤＨＡなどの良質なオイルを脳に入れることを意識している。

また、僕が世界各地を移動し、生活しているのは、感覚器官にいつもと違った刺激が入ると、脳はドンドン高速回転し動き始めるからだ。

他にも、「アイデア」を産むためには、「クリエイティブな質問装置」を用意しておくこともおすすめだ。先述のとおり、僕の場合は、朝起きてバルコニーで朝日を見ながら、ドリンクを飲み自身に向けて5～10分程度、質問する時間を取るようにしている。

もちろんあなたの周りの人たちが「最高の質問」をあなたに投げかけてくれる環境をセットアップしてもいいだろう。

ぜひあなたも、クリエイティブな質問を自分にする時間をつくり、無意識で常に自分に投げかけているような仕組みをつくるようにしよう。

4　スキル（できること）

第1章でも綴ったが、大人になることとは「できること」が増え、創出できる幸せの種類が増えることであると僕自身は考えている。なので、毎日できることが増えれば、それはそれで歳を重ねるごとに「幸せ」を自動的に増やすことができる。

例えば、英語をマスターしたら、世界はより一層広がる。英語の本を読めるようになり、英語のＹｏｕＴｕｂｅを見れるようになり、英語圏の友人や知人ができるかもしれない。

たった一つのスキルで、人生の可能性は大きく広がるのだ。

もちろん、それだけ人生に大きな影響を与えてくれるスキルであればあるほど、習得するまでに時間や労力はかかる。だが、深呼吸のように、すぐ覚えられるスキルもあり、スキルであれば、大なり小なり何でもよいと僕は考えている。大事なのは、少しでも自分の中に、「できる」という感覚が増えていくことなのだ。

さらには、「できることによって誰かが喜んでくれる喜び」をあなたも体感すれば、あなたの夏休みの質はさらに高まる。

この「できること」は、自身で意図して取得するものもあれば、無意識のうちに「勝手に構築されてしまったもの」もある。意外にも、後者のように、意図せず身につけてしまう「できること」も多かったりする。

なので、定期的に「何ができるようになったのか？」を自身で洗い出して確認する時間もときには必要だ。

以上、この4つを意識的に増やす仕組みをつくるべきだと考えている。

僕自身は、資産などはもちろん、自身の知識、スキルなどに加え、家族からの愛情、感謝の声（貢献の対価）などを増やすようにしているし、それらが増えていることを、四半期に1回は確認することで幸せをとことん噛み締めている。チェック方法は、Evernoteなどにその都度、今の自身の状態を書き出し、自身で採点する。

例えば、「家族からの愛情は7点、妻は常に話を聞いて応援してくれている。息子もパパと遊ぶのが最高に楽しいようだ」というように、点数とその根拠（事実）を書き出す。そして、数か月後また再度振り返りをする。

人間は、誰しも老いていく。この自然界の波には誰しも逆らえない。だが、エイジングによって減っていくものではなく、増やせるものにフォーカスをし、それらを最大化させるライフスタイルを設計すれば、毎年違った新しい「幸せ」を体感できる人生になっていくのだ。

脳内フォグの取り扱い方

前述したとおり、北欧では日本人の大きな悩みの一つである「老後の資金」を国家が基本的には保障している。なので、安心して老後を迎えられるし、あまりお金の問題で頭を悩まさなくてもよい。

教育水準もかなり高く、しかも無料なので、子どもの教育費に対してもさほど不安に思うことも少ない。

このように、人生で誰しもが生じる悩みの大半を国家が保障するという制度により、ある意味、国民はその国に貢献することをコミットしやすくなるし、人生をとことん謳歌することができる。

人間の脳はコンピュータと違い、容量や処理速度などを可視化できない。

だが、悩みやモヤモヤなどが積み重なりそのまま放置していくことによって、毎日の生活にフォグ（モヤモヤ）がかかる。そのため、物事を楽しめなくなるし、目の前のことをしっかり味わうこともできなくなるし、クリエイティブな能力もガタ落ちする。あなたも、気になっていることが多々ある状態のときに限って、焦って判断しミスをしたり、全く人の話が入ってこない経験をしたことがあるだろう。

僕は、世界中の人々の脳みそを覗いたわけではないが、個人的な見解としては、日本人は他国民より、かなり脳内をこのフォグで占拠しているように思える。

なので、街を歩いていても「初恋の人と結ばれた日」のような気分で歩いている方などはそう見かけない。

皆、何か不安そうな、何かが気になっていそうな感覚で生きている。

なぜこんなに不安なのか？

それは、ここ数年一気に「個人主義」へ移行する日本の時代の急速な変化に、僕らが順応できていないからである。さらに追い打ちをかけるように年金2000万問題や医療制度の破綻、年金受給開始年齢の引き上げなどなど国からの「自分でやってくださいね」という間接的なメッセージがここ数年非常に増えている。なぜなら「個人主義」を幸せに生き抜くための最大の鍵は、「国」ではなく「人（自分の周囲の人）」に頼る力であり、ほとんどの人は「その選択肢」を持っていないからである。むしろ、その道があることすら知らない方も多い。

時代の波には逆らえない。今後、自己責任で全てを解決させられる時代がやってくるだろう。実際に「個人主義」の先輩国家であるアメリカを見れば一目瞭然だ。アメリカでは、日本の国民健康保険にあたる保険制度がないので、日本人のような感覚で病院には行かない。救急車一発で10万円以上などザラだ。なので常に自分で健康をマネジメントしなければならない。

そういう時代において、「全てを自分でやらなければ」と思うのが当然だ。

だが、人生には「あなた以上にあなたの世話に興味があり、世話好き」がいることを忘れてはいけない。この選択肢は絶対に人生に導入すべきである。

つまり、あなたの中にあるモヤモヤを整理してくれ、問題の本質を一緒に考え、優先順位をつけて考えてくれるコーチやカウンセラーのような存在を近くに置くことだ。

もちろん、この存在や役割は家族であってもよい。僕は、妻に人生相談を常に行っている。具体的には、毎週1回は各自が持っている問題やモヤモヤをシェアして整理して、常に脳内をクリアにしている。

また、息子からも、二人でお風呂に入っている時間にいつも「コーチング」を行ってもらっている。息子は僕のアイデアに関してジャッジを一切しない。なので、どんどん自身の本音が外側に出てくる。僕の息子は3歳であるが（2021年6月現在）、彼に左記のような質問をしてもらっている。

1　今のパパの目標は何ですか？
2　それを達成することでどんなインパクトがあるの？
3　今うまくいっていることは何？ どうやったらもっとうまくいく？
4　今うまくいかないこと、向き合えていないことは何？
5　じゃあどうするの？
6　誰に頼るとうまくいくの？

この時間のおかげで、僕は常にポジティブで気分良く生きれるのだ。

「お金」「健康」「人間関係」

この3つは、多くの人が共通してぶつかる人生の問題である。これらで悩むことは悪くない。だが、これらを誰にも相談できない状態のままにしておくことが問題なのだ。

事実、「老後の資金が不安で」というような問題自体は、さほど問題ではない。なぜなら実際にこの問題において真剣に向き合ってくれ、「サポート」してくれ、一緒に解決策を考えてくれる人がいれば自動的に解決の方向に向かうからだ。

もし、家族関係がしっかりしていれば、直面している問題は限りなく減少していくし、自然に解決の方向に向かう。

家族でなくても、お金を払って専門家に「外注」するものありである。その人の幸せに100％コミットできるのであれば、もちろん外注でもよい。

僕も、子どもの教育に関しては、ホームスクールという選択肢も視野に入れていたが、最終的には「外注」して「教育機関」に通わせる道を選んだ。世界中の学校を巡り、ベストな学校、つまり、子どもの成長を親以上に考えてくれる学校を選んだのだ。先生たちが一緒に子どもの成長を考えてくれ、そんな今を生きる子どもをとことん愛してくれる環境に身を置くことで、僕と妻の子どもへのモヤモヤが自然に少なくなったのはいうまでもない。

健康に関しても、今の時代はＳＮＳなどで簡単に医師からの情報を得ることができる。なので、物理的に近い医師ではなくても、SNSで見つけた自分と馬が合いそうな医師と繋がっておけば、健康や病気におけるモヤモヤも減る。

資産形成に関して不安であれば、証券会社や銀行員ではなく、既にリタイヤして極上の老後をおくっている方と仲良くなり、その方に相談すればよい。実は日本にも、そういう方はたくさんいる。

そういう人からは、お金だけでなく、人生において大事なことを多々学べるだろうし、彼らにとっても若い人と話すことは、それだけで「価値」があるので、様々なことを教えてくれるだろう。

このように、脳内で抱えている問題が減ると、自分がやるべきことや集中したいことへのスピードは上がり、パフォーマンスは当然上がる。そして、気になることが減るので脳内がフラットになり視野が広がる。世界がまた眩しく見える。あれもこれもやってみようと意欲的になる。

今の時代は個人主義に移行しつつあるが、実際に自分の「やるべきこと」と「誰かに任せること」を分けることにより自身の「やるべきこと」はどんどんレベルアップしていく。そして、その「自身のやるべきこと」に徹底フォーカスしていくことにより「スペシャリスト」になれるのだ。

あなたがすべきことは、その各分野の専門家と繋がり良い関係をつくり、あなたの脳内で生まれやすい「問題」を自動で解決するために、解決を「外注」することなのだ。

天然ドーピング

お金はパワフルだが、それ以上にパワフルなものがある。それは「意識」である。

実際に量子力学の世界でもわかっているが（ぜひ「二重スリット実験」とＧｏｏｇｌｅで検索していただきたい）、全ては「意識」が現実を操作している。良いことを思えば（意識すれば）良いことが生じ、悪いことを思えば（意識すれば）悪いことが起きるのを、皆さんも経験的に感じているのではないだろうか。意識は、僕たちが思っている以上にパワフルなのだ。

そして、意識は「人にも大きな影響」を及ぼす。実際に親が子どもに注ぐ無条件の愛と同時に子どもへの意図、例えば「幸せになってほしい」といった意識は、子どもの思考や行動に大きく影響する。

これは「念」とも呼ばれ、この「念」が集まることでコミュニティや街の「空気感」が決まる。当然ながら「良い空気」をもった人が集まれば、「良い空気感」が流れるだろうし、その逆も然りである。

この「良い念」を集めている人は、想像以上のパフォーマンスを発揮し、自分の実力以上の結果を出す傾向がある。実際にスポーツの世界でも「ホーム」のほうが「アウェー」よりも勝率が上がることがわかっている。


僕自身も、この「良い念」のパワーにより、幾度となく自力以上のパワーを体感する瞬間があった。

両親と和解し、自身のことを心から応援してくれるとわかった瞬間、自身のエネルギーが変わったのがわかったし、独立や起業に対して不安がっていた祖父も、初の拙著である『働かない働き方。』を渡した瞬間、非常に喜んでくれて感動してくれた。

祖父は、今まで僕自身が独立して世界中を旅していることに対して、祖父の時代の働き方とは大きく異なるためよく思っていなかったが、僕の考えを本で読んで安心し、祖父の友人にも勝手に著書を広めてくれたほどだった。

この2つは、今でも忘れられない一生モノのシーンである。

そして、家族からの「良い念」を最大限に受け取ってからは、多々不思議な出来事が起き、自身の現実がまた変わっていった。家族のように、自分よりも自分の「ハッピー」や「結果が出る」ことを願ってくれる人が近くにいることは、自分のギアを自然に上げてくれるのだ。

僕自身、19歳から様々な起業家や、成功者の行末を見てきたが、実際に自身だけではなく、「他人からの良い意識」を集めている方は当然ながら、長期間うまくいき続ける。多少の浮き沈みはあっても即「良い波」を引き寄せて戻ってくるのだ。

簡単にいうと、どんなにあなたが才能やスキルに満たされていても、あなたの人生やあなたのビジネスに対して誰かからの深い応援やサポートがない状態では、一時的には「馬力」で頑張れても維持が難しいということだ。

反対に、スキルや才能があまりなくても、家族や周りの方からの想いや応援があれば、その人のエンジンレベルは格段に高まる。もはやハイブリッド状態である。

では、どうやったら周りから「良い念」を集められるのか？

まずは、あなた自身に良くなってほしいと思ってもらえるには、当然ながら、あなたに対して絶対的な「信頼」がある状態でなければならない。

「信頼」とは、言ったことを守ることであり、キチンと遂行することであり、その姿勢のことだ。人として問題があれば、どんなに良いことを言っても「信頼」されない。なので、まずはあなた自身をあなたがしっかり操作し、管理できることが先決だ。


そして、次にあなた自身がまず彼らのことを、最大限に気にかけてあげる必要がある。なぜなら、人は自分のことを誰よりも気にかけてくれる人を無意識で好む。これは当然の話だ。

「最近どう？」

「何か僕にできることがあったらおっしゃってくださいね」。

「あなたのことを信じてるから……」。


自分の「今の状況」を誰よりも理解し、大きな愛で包み込んでくれ、自分のやろうとしていることを「心底」応援してくれる存在を求めていない人はいない。

なので、あなたがその存在になればよい。あなたが「良い念」を与えれば、やがてあなたも「良い念」の倍返しをもらうことになるだろう。

世の中、子どもが生まれて出世する親が多いが、これは、誰かの幸せを願うことで僕らは自らのパワーを最大化できるようになっているからなのだ。自らのエネルギーを増幅できるように遺伝子によってプログラミングされているのだ。

「良い念」とは、簡単なこと。

例えば、「HAVE A GOOD DAY!」と、海外では別れ際にこういった挨拶が使われることが多いが、このように誰かの「幸せ」を願う瞬間を、あなたの夏休みにも取り入れることでさらに「極上の時間」が流れるのはいうまでもない。

僕は、これを「天然ドーピング」と名付けて、常に「補給」し続けている。

お互いに話すだけで「愛」が感じられ、「応援されている感覚」になれる人間関係をつくることができれば、あなたのパフォーマンスはさらに自動的に上がるだろうし、今までは想像もできなかったパワーを体感することになるだろう。

ギブの自動化

「与えれば返ってくる」。

これは近年の量子力学の世界だけでなく、数千年前から存在する宗教の世界でも、人生を豊かにしてくれる最大の黄金のルールとして言われているものである。

「GIVEをするとよい」というのは、誰しもがわかっている人生のTIPSだ。「ギブ＝貢献」もまさにその夏休みを彩ってくれる大事な一つの動作だ。しかし、この「ギブ」について深く考える機会は、残念ながらあまりない。学校教育や会社の研修などでは教えてくれないテーマだからである。

そのため、ギブの重要性はわかっているが、ギブの使い方が下手な人が非常に多い印象だ。「物凄く力の入ったギブ」、「自己中心的な押し付けがましいギブ」など、与えているのに迷惑状態になってしまっていることも多い。

「こんなに与えているのになぜ返って来ないんだろう」という人は、自分がこのありがた迷惑な「ギブ」をしていることに気が付いていない。

かたや一方で、さほど人のことを考えていないように見える人に限って、人から評価され、感謝されていることも少なくない。

この両者の違いは何なのだろうか？

人間は、人のために何かをすることで喜びを感じられる不思議な生き物だ。

しかし、人のために何かをしているつもりでも「それが相手への迷惑」になってしまうのは、「本来のギブ」とは少し異なる。


僕は独立当初、このジレンマに気付き、どのようにすれば「報われるギブができるのか?」を徹底的に考えた。そして、見つけたのが「無意識ギブ」というテクニックだ。

これは、与えているつもりはないが与えてしまっている状態をつくる技である。

僕は2012年に、自身のビジネスの仕組み化に成功し、毎月海外旅行をするライフスタイルに切り替えた。そして、世界中の様々な地域を訪れ、あることに気付いた。

それは、「歩いているだけで元気になれる街がある」ということだ。

これは僕にとって、衝撃的な事実だった。不思議な瞬間だった。街を歩いているだけで、笑顔で微笑みかけられたり、たまたまカフェで隣に座った方が、挨拶をしてくれ、少しばかり近況を話したり……。それだけで僕の気分は非常に心地よいものになったのである。彼らは、人に与えようとは、おそらくこれっぽっちも思っていない。だがその「自然な笑顔」や「挨拶」によって僕は元気になれたのだ。

この出来事は、僕のギブの概念を大きく壊すことになった。毎日笑顔でいることが(もちろん、これも無理矢理つくった作り笑顔ではなく、副産物として生まれた笑顔の)結果として、これだけ周りの人に「与えている状態」をつくる。これが本来の「ギブ」そのものではないのだろうか。

学生時代、僕は様々な経営者の元で修行していたのだが、「理念」や「世のため人のため」と、一見「貢献」や「ギブ」をしている人ほど、自宅に帰るといきなり亭主関白になったり、家族を裏切るような行為をしていたり、打ち上げなどで、居酒屋などの店員に酷い態度をとったりしているケースをよく見かけていた。

だからこそ、海外の街で出会った「笑顔」や「挨拶」のような「努力感のないギブ」は非常に新鮮だった。

そして、「そもそも与えようとしないほうが、結果として人に与えてしまうのでははないか?」という結論に僕は達したのだ。

これは、当時の僕に生じたパラダイムシフトだった。そこから「ギブをしなければ」と思い込むことは一切やめたのである。そして、不要なストレスを減らし、僕の24時間を快適にし、自然に楽しさが溢れ出るライフスタイルにシフトすることにしたのだ。

「努力感のないギブ」を産むようにするには、まずは自分の1日を快適にする。「楽(ラク)」するのではなく、「楽しく」するのだ。次に、家族などの身内が快適に過ごせるためのお手伝いを行い、その後、その輪を無理のない範囲で広げていく。

このリズムを自分でつくったことで、「与えなきゃ」という強迫観念から解放され、結果として自然に人に与えてしまう量が増えたせいか、周りから感謝される機会が非常に増えたのである。

僕はこの経験から、「ギブ」は結局「副産物」として勝手に生じてしまうものなので、無理につくったり与えたりするものではないということを学んだのだ。

今の日本社会では「あれもこれもやらなきゃ」という空気が流れており、自然なギブができにくくなっている。あなたも一度、自分の24時間をもしビデオ撮影したら

「果たして素敵な顔をしているのか？」、「子どもが喜ぶ笑顔で生活しているのか？」と、振り返ってみてほしい。そして、自然に笑顔が溢れるような生活に毎日少しずつアップグレードしていってもらいたい。

おそらくあなたが思っている以上に皆さんの生活には「あれもこれも」という洗脳が脳内にこびりついているはずである。何かに取り組むたびに「そもそも、今やる必要あるのかな？」、「誰かを幸せにしているのかな？」と自問自答し、余計なものは取り外していくようにしていってもらいたいと切に思う。

結果として、ゆとりが生まれ自然に笑顔が増えてしまうはずだ。

リラックスした状態になれば、自然と「人の幸せ」を願い、考えるようになる。そして、そのような想いを「会話時」に相手に伝えるようにしよう。

「あなたのことを好きなんだ」。

「あなたの幸せを願っているんだ」。

「ギブの押し付け」ではなく、「無意識ギブ」を搭載し、笑顔が溢れ出るような生活で、あなたがゆとりある状態で誰かを思いやることで、間違いなくあなたは感謝され、「幸せの恩返し」が何倍にも何十倍にもなって返ってくるだろう。

セミ資本主義のススメ

「無意識ギブ」は、何も笑顔だけではない。

例えば、「意識しているつもり」はないが「人の話を聞くことができて、相手が本当に求めているものを理解するようなコミュニケーション」を自然にできてしまっている人がいたとしたら、それは立派な「社会貢献」だし、「ギブ」だといえる。

このように、人を幸せにするだけでなく、仕事にも繋がる「無意識ギブ」があり、幸せな人は、このような「無意識ギブ」を搭載していると僕自身は考えている。

幸せな人は、この「無意識ギブ」を発見し、自覚し、磨いていくことで「無意識ギブ」を徹底的に活かした仕事を選んでいる。そして、ビジネスに対しては一切頑張っているつもりはないのに、信じられないレベルでの利益（恩恵も）を手に入れてしまうことになるのだ。

この武器を手に入れることは間違いなく、今の時代を幸せに生き抜くための大きな鍵となると僕は考えている。

僕の場合は、「一瞬にして外さない無意識にリーチするアイデアを出すこと」を得意としているが、これは努力して得ようとした能力ではない。しかし、この能力に気が付いてから、これが自身の「無意識ギブ」になり、自身のビジネスを大きくサポートしてくれている。

そして、この無意識ギブが最大限に発揮できる仕組みを自ら開発したので、「全く頑張っているつもり」はないのに不思議と幸せがドンドン増えてしまうのだ。


では、肝心なこの「仕事にも繋がる無意識ギブ」を、どのように見つけ開発していくのか。僕は、無意識ギブを見つけ、育てあげるために「セミ資本主義生活」を提唱している。


「セミ資本主義生活」とは1日の中で、ある一定の時間だけお金（できればスマホやPCも）を使って「欲」を満たすことをやめる生活のことである。

これは貨幣がまだなかった物々交換の時代に戻った生活をイメージする、というのが相応しい表現だろう。実際に、我慢せず「お金を使わない生活」をするには、誰かに頼らないととても難しいことである。

例えば、自宅のダイニングテーブルに「花瓶」が欲しくなったとする。しかし、あなたは「お金を使ってはいけない」。果たしてどうするか？

当然、誰かに頼るか、お願いをするしかない。しかし、あなたとの関係値が低ければ、「無償」で提供してもらうのは難しい。もちろん、自分でつくるという方法もあると思うが材料がやはり必要なので、その場合も誰かに頼らないといけない。

そこで、何か彼らにとって価値となるモノを「ギブ」する必要があるのだ。

「何をしたら喜んでもらえるのだろう？」

「何をしたら価値を感じてもらえるのだろう？」

こうして、必死に考えてみるわけだ。お金で支払えるのであれば、迷わず一瞬でペイするが、この場合、お金を使ってはいけないので、必死に脳に汗をかいて考えることになる。いつもは眠ったままの脳がフル稼働する瞬間だ。そして、脳をフル稼働させることで普段では絶対に自分の中から出ないアイデアに出会うことになる。

さらに、それを実践することで、人様に喜んでもらうという経験に繋がる。この経験を通して、あなたの「無意識ギブ力」は、また磨かれ活性化されていくというわけだ。

いつもだったら「自分の欲しいもの」を手に入れるために、お金を使い、スマホを使って欲求を満たしていたが、これを意識的に1日の中の数時間やめるのだ。

もし、あなたが「感動したいな」と思い、スマホで映画を見ていたのであれば、それを止め、「感動とは、どこでできるのだろう」と必死に考えてみよう。すると、「あ、そっか。両親に久しぶりに手紙を書いてみようかな」と、思いつくかもしれない。これこそが、普段は思いつきもしなかった「アイデア」に出会える瞬間である。

このような瞬間も、あなたにとって気持ちが良いし、そして、実際にその「アイデア」を実践して、両親が最高の笑顔で喜んでくれたら、それはそれで幸せな瞬間である。

僕も一時、海外旅行を一人で行っている最中に、この「セミ資本主義生活」を1日の中に数時間取り入れ、お金とスマホを使わずにどうやったら欲しいものが手に入るかを楽しんでいた。

僕の場合は、欲しいものとは「豊かな楽しい時間」なので、結局、「面白い人」と刺激的な会話をすることを思いついた。なので面白い人がどこにいるのかを必死に考え、「そうだ。ホテルのラウンジに行けばいるのかもしれない」と思いついた。

実際、僕は一人でハワイ滞在中に、そのアイデアを思いつき、高級ホテルのロビーに、あたかも誰かを待ち伏せしているかのように待機し始めた。

そして、人間観察を始め、あたかも豊かな暮らしをしていそうな年配者の方に声をかけていくようなアイデアを思いついたのだ。とはいえ、いきなり「あのー、僕このような者なのですが」と自己紹介しても、当然ながら怪しまれる。僕が逆の立場であったら間違いなく「ノーセンキュー」だ。なので僕は「どのようにすれば、若蔵の僕が話しかけても怪しまれないかな」、「どのようにすれば、実際に僕と時間を過ごしたいと思ってくれるのか?」と、必死に考えた。

実際にスマホは使ってはいけないので、必死に脳内から捻り出すことになる。

「そうだ! ハワイで幸せな富裕層になるために、一人で修行にきた! というテイにすれば、面白い! と思ってもらえるかもしれない」。実際、幸せな富裕層になりたいのは事実だ。

そこで僕は、そのアイデアを早速実践した。高級ホテルのロビーで、一人でゆったりしているお金持ちそうな方に声をかけてみることにしたのだ。
少しばかりお時間を共有させていただき、非常にその後の人生に参考になる話を多々聞かせていただいた。こうして、ビリオネアの方と仲良くなることに成功したのだ。

何より、この「滅多にできない経験」をつくった（デザインした）自分自身に対して、自信を持てるようになった。事実、僕はそのビリオネアの方から「僕のアイデアセンス」を褒めていただき、「それを仕事にしたほうがよい」とアドバイスをもらった。そして、その言葉が僕の脳内に深く刻み込まれたので、実際にそれを生かすような道を探し始めたのである。

結局、自分の欲を満たすには、欲しいものを手に入れるなども含めて、誰かを喜ばせたり、楽しませたりしないと達成できないことが大半である。
そして、「お金」や「スマホ」を使って「欲を満たすこと」を放棄することで、人をどうやったらひたすら喜ばせられるのか、また楽しませられるのか、満足させられるのかを、かつてないほど必死に考えるようになる。

こうして、あなたの人生史上、トップに入るレベルでかつてないほど「人の幸せ」を考えてしまうことになるのだ。そして、今までは考えも思いつきもしなかった「人を幸せにするアイデア」を思いついたりするようになる。

そして、その発明を実践することで「人様をハッピー」にしてしまうだけでなく、その副産物として、あなたの一生ものの財産になる「無意識ギブ力」を搭載できてしまうことにもなるのだ。

この「無意識ギブ力」とは、あなたが普段お金とスマホを使っていたことによって眠っていた力ではない。人の幸せに一瞬で気付ける、後天的な力である。

「お金」や「スマホ」を使うことは非常に便利だ。これらのお陰で手に入る豊かさや幸せもある。だが、逆にこういった便利なツールは、あなたの隠れた無意識ギブ力を発掘したり育てたりすることを阻害することにもなる。

人は、お金や幸せを手に入れるために「スキル」を身につけ知識を取得するが、結局、そこで得られるもの以上のスキルを「このセミ資本主義生活」では得ることができるのだ。

ぜひ、本書をお読みのあなたも一定期間でよいので「お金」と「スマホ」を使わずに「欲」を満たす究極の不労所得構築トレーニングを今からはじめていただきたい。

なぜなら、「本当の意味で、一瞬で人様を幸せにできるアイデア」を出せる状態こそが最強のビジネススキルなのだから。

「受け取る」という最も頑張らないで得する最強のスキル

365日夏休み生活を送っていると、かってないほど「お誘い」を受けるようになる。実際に、今の時代は「物理的な時間」だけに限らず、「脳内」も忙しい方ばかりなので「ゆとり」や「余裕」がある方は極めて稀である。

しかし、そんな中、あなたは本書にて「大人のゆとり」のつくり方や楽しみ方をマスターしてしまった。これは相当のアドバンテージである。

この「ゆとり」や「余裕」が、人が自然と集まるような楽しさや、心地の良い空気感を生み出し、その雰囲気に、たくさんのチャンスが引き寄せられてくるのだ。これは365日夏休み気分で生活することの最大の恩恵の一つなのである。

豊かな人は、「死」が近づいたり、死を意識すると、自分のこと以上に人に何かを残したくなる。それも無償でだ。それはその人に「種の保存」が働き、人に残すことを何よりも優先し始めるからだと僕は考えている。

あなたが、もしリタイヤ後に車の運転を卒業し、自身の愛車が不要になったときに、あなたが経済的に困っていなければ、近くにいる親しい「若者」に譲る選択肢を選ぶだろう。「こいつは可愛いから、きっと自分の車を大事にしてくれるだろう」と、思うはずなのである。

今の日本は、超高齢化社会なので、かつてないほど「お譲り先」を探していらっしゃる人は多い。つまり、見返りを求めずに「与えたい」という人が非常に増えている。車以外にも会社や知識など、高齢者の方たちは、有形無形含めて、様々な「お譲り先」を探している。しかし一方で、受け取り先が全く追いついていないのだ。

これは非常に残念で仕方がない。なぜなら僕たちは、「先輩たち」が人生をかけて学んできて、培ってきたエッセンスを、ほぼ無料で学ぶことができ、受け取れる機会を放棄していることにしかならないからである。

原因は様々だが、超多忙化社会の波に呑まれ、自分のことで精一杯になってしまっている人が多いというのも理由の一つだろう。だが、自身の人生を加速させるには「自力」以上に「他力」を使ったほうが速いし遥かに楽しい。

そこで僕は皆さんの中に「夏休み」モードをつくると同時に、「受け取る」というスキルを搭載することをおすすめする。

世の中には「ギバー」と「テイカー」が存在し、自分が「ギバー」になろうとしたり、「ギバーとテイカーのバランス」を自身の中で取ろうとしている人が、かなりいる。

しかし実際には、「ギバー」とは必ずしも「与え上手」の人ではなかったりもする。

そこで、「与えようとしている人のご好意」をしっかりアンテナを張って全力で受信し、「ギバー」の方から「喜んで受け取る」ことができれば、その行為が、ギバーにとっても、最高の「ギブ返し」になる。

あなたも、誰かのために何かプレゼントをしたり、企画を用意した経験が、一度や二度はあるだろう。しかし、もし相手が全力で受け取ってもらえなければ、それはそれで少し寂しい気持ちになるはずだ。

その反対に、もし全力で喜んでくれ、感動してくれたとしたら、それはそれで与えたあなたも嬉しくなり、「また与えよう」と自然に思うようになるはずだ。

今の時代は、この「センスのよい受け手（テイカー）」が減りすぎている。個人主義に急速に移り変わる現代社会において、自分のことで精一杯で周りが全く見えていない人が多いからだ。

しかし、繰り返しになるが、この世界には「最高の受取人」を探している人が多々いらっしゃるのだ。そして、僕はこの「与えたい人」を探して「受け取る」ことを極めた方が、最短でさらに豊かな「365日夏休み生活」、つまり、FIRE的生活を手に入れることができると思っている。実際に僕の知人で、そんなスキルだけを磨いて生活している方も少なくない。

そういう人は、例えばたまたま高級ホテルのラウンジで出会った大富豪に気に入られ、レンジローバーを完全無料で譲り受けたり、住む家を無料で提供してもらっているのだ。他にも、実際に受け取るということにフォーカスし、数名の富裕層と仲良くなり、彼らから譲り受けた家具で中古販売代行をし、それなりにお金を稼いでいる方もいる。

何を隠そう、僕自身もこの「受け取る技術」と「僕に好意で無限大のギブ」をくださった先輩方のおかげで、自らの力では構築することのできない「豊かさ」を多々受け取らせていただいている。

日本は少子高齢化社会だと言われている。実際に豊かな老後を過ごされている方もたくさんいらっしゃる。彼らにも当然「与えたくて仕方がないもの」が存在する。それは「自身の人生で体得した数々の経験や知識」だ。

彼らは僕の年齢ではまだ経験できないようなたくさんの人生経験をしている方も多い。そして、彼らは自身の人生で得たものをこれからうまく活用してくれて吸収しようとしてくれる方に与えたいと思っている。ご年配の方ほど若い方を目の前にすると過去の経験を多々話したくなり、時間が長くなる傾向にあるのは、この理由からだ。

若者と年配者の壁は毎年、厚く固くなってきているように感じる。

若者は若者で年配の方たちを「頭の硬い既成概念に縛られている年配者」と思っている人が非常に増えているし、その一方で年配者は「近頃の若者は、常識とマナー知らずじゃなぁ」と認識している人も、間違いなく増えている。

この状態は非常にもったいない。若者と年配者、どちらが先に変われるのか、変わればよいのかはわからないが、僕は30代前半の若者として、若者たちに受け取る力を磨くことをおすすめしている。

もちろん、「どうやってギバーを探し、恩恵を受け取ればよいかわからない」という人もいるだろう。しかし、簡単なことだ。あなたは、あなた自身の夏休み生活を楽しみ、常に「ありがとうございます」と満面の笑みで毎日一つ一つのことに感謝して感動していれば、自然に良いオーラが醸し出される。

そして、ぜひ豊かそうな方がいらっしゃるような場所に積極的に出向き、挨拶をするようにしてみよう。

個人主義時代の幸せの掴み方

「会社のために家族との時間を犠牲にしてでも俺は働くんだ」という人が今あなたの周りにいたら、「なんて馬鹿げたことを」と思う方は少なくないだろう。

しかし、ひと昔前の日本では、「自分」より「国」を優先し、またつい最近では「自分」よりも「会社」を優先するのが普通であったし、それが時代の「空気感」であった。

自分を犠牲にしてでも、会社に尽くすのは当然だったし、ある意味それがクールでカッコよいと考えられていた。

しかし、そのような空気感もいつの間にか過ぎ去り、個人の時代に移行している。会社に時間を奪われすぎていると「ブラック企業」と名付けられ、「お国のために！」などと話していると、「宗教にでも入ったのか？」と言われる時代になった。

実際、ここ最近のメディアなどのメッセージをみても「老後年金問題」や「終身雇用制度の終幕」、「医療制度の崩壊」、「人生100年時代」など、「自分の人生は自分で責任をとってください」ということを謳うメッセージが増えてきており、自身の人生に対して緊張感と不安を覚えている人も少なくない。

そして、この何ともいえない「不安の集大成」が、日本の少しばかり重たい空気感をつくっている気がしてならないのは僕だけだろうか。

現在、不況だから「暗いのは仕方がない」と言われるが、本質はそこではないような気がしている。

急速に個人主義に移り変わる中、その「個人」で生きていくという戦略や、生き方を知らないことから生まれる不安が、その重い空気の元凶なのではないかと僕自身は考えている。「個人」に自信がないので「不安」な気持ちが生まれてしまうのは当然のことなのである。

では、私たちは何をすればよいのか。どんなスキルが必要なのか。

例えば、毎年スイスで行われるダボス会議で常に発表される「これからの時代に必要とされるスキル」を実際に搭載することで、本当に見えない、どこか心の奥底に存在する不安は消えるのだろうか？

多くの方は「全てお金で解決できる」と信じているし、現に今の時代は、マスメディアの影響などで、そのように考える方向に僕たちは仕向けられている。そのため、お金をひたすら集めることに躍起になっているが、どんなにお金を集めてもこの不安は消えない。

なぜなら、結局、不安や問題自体は今後も発生することであり、「その問題や不安を自身だけで処理し対処しなければいけない」という強迫観念が、ストレスや不安を生み続けるからである。

本書では一般的な方が想定する何かで「一発ドカン！」と当てて、その後は黄金の人生（実は地獄の始まり）を送ろう、という生き方などは提案していない。

むしろ、少しずつ「人生を自動的に幸せにしてくれる何か」をコツコツつくって増やしていくことを提案している。

そのためにも、これからの個人主義の時代に幸せに生きていく上で必要不可欠になってくるスキルは、「他力」を使うことなのだ。

世の中には「自力」と「他力」という2つのパワーが生じている。かつての時代は「自力」を一つの集合体（国や会社）に加えることで、全体のエネルギーは増え、上向きになっていくのを感じられたので、「自力」を自身だけのために使わずしても問題はなかった。

しかし、今の時代は「伸びている集合体」が見つけづらくなったし、むしろ、周りに使うこと自体が馬鹿げていると思われる時代だ。

会社や国に「自力」を加えても、相当なことがない限り、会社も自身も報われない。なので「自力」の効果的な投資先がわからなくなっている人が当然ながら増えている。

人間は自分のためには頑張れない。誰かのために「頑張れる生き物」であり、この人のために頑張ってみたいと思える「雰囲気や人間性」を持っている人のために使いたい生き物なのだ。実際にこれはホーソーン効果とも言われ、人は誰かに注目されると想像以上のパワーが発揮できることがわかっている。

逆にいえば、今の時代は「人のために何かをしたい」人が増えている。なぜなら、過去において、会社や国家のために頑張っていたエネルギーが絶賛蓄電中だからだ。

僕は、これからの時代は、この「他力」のエネルギーを目一杯使うべきだと考えている。もう一度繰り返しになるが、人間はエネルギーを「自分のために使う」ことにおいては、あまり効果が発揮されないことをどこかで理解しているのだ。

なので、僕は今こそ、人々が蓄電しているエネルギーを最大限に使うべきだと思っているし、僕自身は実際にそのようにしている。


具体的には、「自身が上昇気流」のオーラを醸し出しつつ、自身の力を貸して欲しい姿勢を見せていくことだ。つまり、前述のとおり少しゴキゲンなモードで他人に頼ることである。

人に頼ることとは、一般的に相手の時間や能力、体力を借りているイメージがある。なので後ろめたい気持ちになるのは当然である。しかし、実際に「喜ばれる頼り方」は存在しているのである。

もしあなたが「上昇気流」に乗りつつある「ちょいアゲアゲな空気感」満載の絶賛大人の夏休みエンジョイ中の方に「頼まれごと」をされたとしたら、いかがだろうか。その空気感に惹かれ、実際にお願いを喜んで引き受けるはずだ。

今は、「社会」全体の上昇気流が身近にない時代なので、「個人」で上昇気流を持つ人に何か役に立つことをすれば、自分自身も何か「報われるかもしれない」という本能が咄嗟に働くのだ。

このように、「喜ばれる頼り方」をして、人を「頼り」にすることで、あなたは不安や問題から解放されることにもなる。

「頼りにされた人」や「お願いされた人」も、蓄電していたエネルギーを活用できる場所が見つかったので、実は密かに嬉しいのだ。このように「頼む側」も「頼まれる側」も、どちらも幸せになることができるのだ。

上昇気流のつくり方（ゴキゲンオーラ搭載）

ではどうやって「上昇気流」を醸し出すオーラをつくっていけばよいのだろうか。

「上昇気流」とは、単純に全てを「オッケー」と肯定するポジティブ思考や、「何とかなるでしょ！」と昼からビールを飲むラテン主義とは異なる。「あ、この人ドンドン人生を加速させるな」という空気感を出していくことなのである。

前述したとおり、人は「上昇気流」を好むし、そのような場所をどこかで探している。これは言い替えれば「熱気」ともいえる。

人は「熱気あるもの」を好む。スポーツ、お祭り、ライブなどその「ＤＡＹ」に想いや努力が一点集中された空間を常に探している。これは原始時代から変わらない普遍の真理であり、真実なのだ。

「スポーツ」は一見、自身の人生に全く関係のない「他人同士の戦い」に見えるが、選手たちの日頃の精度の高い練習などが爆発されるゲームには、「上昇気流＝熱気」を感じるからこそついハマってしまう。

この上昇気流をあなた自身が自然に醸し出すことができれば、あなたの魅力はさらに上がり、あなた自身もドンドンお願いしやすくなる立場をゲットできるのだ。

人は同じお願いであっても「下向きオーラ」と「上向きオーラ」では、話しかけられたときに、全く異なる反応をする。当然のことである。

前者は「悪い予感しかしない」が、後者は「何か良いことが起きそうな気がする」からである。

では、この上昇気流は、どのようにつくられるのだろうか？

これは非常にシンプルである。「未来」に何か成し遂げたいものや、欲しいもの、なりたい姿、達成したいビジョンを持つこと、それらを実現する計画に沿って着実に行動していくことでつくられていくのである。

つまり人は、未来に程よく意識を向けて実際に行動している人に対して、不思議と「尊敬の念」を抱く傾向があるのである。

例えば、次のAとBのセリフを読んでほしい。

A：「今日はゲームをやってダラダラ過ごそうと思います」

B：「今日はトレーニングをして、妻と未来会議を行い、そのあと海外移住に向けて語学学習を行います。夜は、妻とデートする予定です」

当然、Bの人のほうが「尊敬」されるだろうし、仲良くなりたいと思うに違いない。

しかし、この上昇気流をつくる上で大事なのは、単純に目標設定することではないし、ただ計画的に行動することでもない。

ポイントは、認識している「時間軸」にあるのだ。

一般的な「目標設定」は、程遠い未来の話で、現状とかけ離れすぎていて「臨場感」が生まれない。そのため、ワクワク感がしないし、カラダがウキウキしない。

上昇気流は、あなたが自分を誤魔化して、醸し出されるものではないのだ。現実的に、「このときになったら、こんなことをするぞ！」というレベルで、あなた自身も体感するレベルで把握していることが必要なのだ。

また、他に上昇気流のつくり方として、「オン」「オフ」の切り替えを大事にするという方法もある。イメージしやすい例としてスポーツ選手を挙げよう。

スポーツ選手は年間スケジュールがしっかり自身の頭に入っているので、そのスケジュールに沿ってコンディションを調整したり、オンオフを切り替えている。

しっかり未来（1年間の流れ）を把握しているからこそ、「今は何をすべきか」、「何をすべきではないのか」を自身でコントロールできるのだ。

そして、オフシーズンの楽しみ（解放やご褒美、リラックス）を自身で設定することで、オンシーズンにおいて爆発的な集中力とエネルギーを手に入れることになる。

このように、ポイントは「オン」と「オフ」があることだ。このバランス感がちょうどよい空気感をつくってくれるのだ。

ちなみに僕は一時期、なぜ「ビジネスマン」より「スポーツマン」のほうが引退後、一人の個人としても注目されるのか？ 人間的に尊敬されやすいのか？ を考えたことがあった。

実際にサッカーの中田英寿選手などはまさにその代表例である。サッカー選手を引退後、実際に様々な事業でも活躍されているが、何より中田英寿選手の人間性に惹かれて彼の動向から目が離せない方も多いのではないかと思う。

スポーツマンは、試合での活躍によって世間に影響を与えているからもあるだろうが、オンオフが「ビジネス」の世界よりもしっかりしているので、そのバランス感がちょうどよい表情と空気感をつくるのだという結論に至った。

実際に、知人にかなり有名かつ人気のスポーツ選手が何人かいるが、不思議なのが、彼らには知名度と引き換えに多少は生まれるはずの「アンチ」がいないのである。
これは非常にびっくりした新発見だった。その理由は、おそらく「尊敬に値するレベルで努力していること」をファンの方も理解しているからだろう。

ビジネス組織の世界では、決算などにより年間のある程度の動きや流れはあるが、しっかりした「オンオフ」が組織内には基本的にはない。なので、張り詰めた空気感がメインになり、人を魅了するちょうどよい「空気感」を醸し出せないのだろう。
なので、あなたもスポーツ選手になりきったつもりで年間スケジュール、「自分だけの暦」をつくってみよう。スケジュールをつくる目的は、認識している時間軸を大きくし、それに向けて毎日行動をし、調整をしていくことなので、年間ではなく3か月、半年の単位でもよい。例えば、「今年の誕生日には○○には達成していたいな。そこからしばらくはオフにしよう」といった感じで十分だ。単純にこの時期は「オン」「オフ」としっかり線引きすることでもよい。自分がしっかり想像でき、体感レベルで「のれる」時間を認識することができれば、あなたの雰囲気は自ずと変わる。

僕の場合は、実際に「シーズン」を分けて設定している。春、夏、秋、冬と分けて、それぞれの過ごし方を事前に決めている。

例えば、春から夏にかけては「外出」を意図的に増やし、アウトプットを増やすようにしている。大きな支出や決断などもこの時期が多い。地球を感じ、冒険し、外宇宙を広げる時期だ。行動からのインプットを行う時期でもある。

逆に秋から冬にかけては、インプットしたい対象（書籍やオンラインビデオなど）から意図的にインプットしていく期間だ。読書や映画などでインプットを増やしたり、コミュニケーションを増やしたりして、「蓄え」をするようにしている。身体のメンテナンスもこの時期は、さらに入念に行うようにしている。

また、「シーズン」だけでなく、「毎日」においても、過ごし方を決めている。

午前中は「進化の時間」と決め、スマホは全く見ないようにし、10分単位でキッチリタイムマネジメントを行い、全てを「意識的」に行うが、午後からは、弛緩モードにして、タイマーなども一切使わず、直感や身体に従った行動ばかりをするようにしている。このバランスにより、午前中は本気で取り組めるし、その午前中で成長する時間を過ごした後のご褒美である午後の時間は、全力で休めるし、楽しめるのだ。

これは僕の一例だが、毎月ごとのテーマでもよいし、誕生日を軸にしたテーマ設定などでもよいだろう。とにかく時間軸を認識して「自分の暦」をつくることで、あなたの毎日の過ごし方は劇的に変化する。そして何かに向かって楽しそうに取り組み準備しているあなたの姿に、周囲は尊敬と応援の気持ちを自然に持ってしまう。そして、それぞれの暦において、楽しさを持っているあなたの雰囲気に魅了されるのだ。

目標設定をすることは、ある人にとっては厳しいし、辛いし、場合によっては「キツイオーラ」を解き放つことになるが、「年間スケジュール」と「テーマ設定」は、思っている以上に毎日だけではなく明日を楽しみにしてくれる。

人間には「程よい弛緩」と「程よい緊張感」が必要だ。これは、単純にあなた自身という生命体を維持するためだけではない。あなたの雰囲気(熱量)を変えてくれ、「魅力的なオーラ」をつくってくれるために必要だからだ。

交感神経と副交感神経のバランスによって生命が維持されているように、人生には、「弛緩（オフ）」と「緊張感（オン）」のバランス感が必要なのである。

このように「365日夏休み生活」は、程よいリラックスと、程よい宿題によって、より極上なものになっていく。当然、このオーラを搭載すれば、あなたはさらに「人にお願いしやすい状態」がつくられるので、あなたが一人で悩むことは、どんどんなくなっていくだろう。さらには問題が起きることをさほど恐れなくなるので、前向きにもっともっとチャレンジしたくなる精神状態が自然につくられるのだ。

同じ相談やお願いでも「どん底のお先真っ暗な顔をした人」に相談を持ちかけられるのと、「ニンマリした笑顔で自身の時間軸とスケジュールを楽しそうに話しながら準備を行っている人」に持ちかけられるのでは、相談やお願いを受ける側の反応も変わるに違いない。

なので、あなたを楽に自由にするためにも、周りの人に頼りやすい状況をつくるためにも、ぜひ自分が「認識している時間軸」を大きくしていただき、時間を自由自在にコントロールして良い「自分の暦」をドンドンつくってアップデートしていただきたい。

自分の「暦」を持っている方は、「365日夏休み生活」、つまりFIRE的生き方をさらに幸せなものにできるのだから。

あとがき

「３６５日夏休み生活」、今でいうＦＩＲＥ的生活に憧れ、漠然と自由な大人を目指し始めたのが20歳のとき、２００８年のことだ。

そして、その目的を達成するためには、「ビジネス」をすることが最も近道だと気付き、学生時代に、「自分でメシを食っていく覚悟」をした。


センスがあったのか、運が良かったのかはわからないが、「ＳＮＳの導入時期」に全力投球できたことにより、その波に乗っかり、２０１２年から「ビジネスの自動化」が実現した。冗談抜きで、当時は「不労所得」さえつくれれば、幸せな毎日が手に入ると勘違いしていた。

「遂に３６５日夏休み生活が手に入ったぞー」。

当時、渋谷にあった大好きなハンバーガー屋で、一人でランチを食べながらニマニマしていたのを今も覚えている。

しかし、現実はそう甘くはなかったのである。午前中だけ大好きなカフェにでかけてそこで好きな仕事をし、食事をし、昼寝をした後、Ｈｕｌｕで映画三昧の日々を送った。ずっとやってみたかった海外旅行にもガンガン行った。

「何をしてもいいんだよ。自分のずっと我慢していたことをやってみなよ」。

自分で自分に何度も、そう言い聞かせていた。しかし、「僕のカラダ」は、そこに喜びを感じていなかったようだ。周りからみたら「一見楽しそう。羨ましい」と思われていたようだが、僕の内側はそこまで喜んでいなかったのである。

「俺は自由を求めていたのではなかったのか？」

何度も自身を疑った瞬間であった。そして、この時期に妻と出会うことになる。

彼女の人間性に惹かれ、たくさん価値観を共有した。彼女と付き合うようになり、彼女と向き合う中で、さらに「自分の深い部分」からのメッセージを感じるようになった。

それは自分の中でまた何かが変わった瞬間であった。

「俺は自由をアピールしたかっただけなのか？　我慢してきた過去から解放されたかっただけなのか？」

彼女と付き合っていくうちに、「あれだけこだわっていた自由」を全く意識しなくなった。それよりも「愛に夢中」になり、愛することで起きてくる自身と現実の変化に、自分自身で感動していた。本当に愛すべき人と時間を過ごすことで不思議な力が人生に加わり、余計な力が抜け、「嫌な自分」が自分の中から消えていった。

彼女と出会うまでは、僕のエネルギーは、「自由」を求めていたようで、実際は「世の中を見返したい」、「俺は凄いんだぜ」というエネルギーだった。しかし、彼女と出会ってからは、「愛する人と幸せな時間を堪能したい」というエネルギーにシフトしていった。

自分以上に自分を愛してくれて、応援してくれる人がいる状態こそが幸せのベースを上げてくれることを理解したのだ。そして、自分にとって本当に大事な守りたいものができたことにより、自分の内側から湧き上がってくるイメージも変わってきた。

これこそ、自分の人生において生まれてはじめて「世界に対して何ができるのか」を知りたいと思った瞬間だった。「地球に貢献したい」と素直に思えるようになり、自然とそういったことを考えるようになったのだ。

そして、この頃から、妻と世界中の学校を見てみたいという話になり、当時「無期限ハネムーン生活」と称して、2013年から2019年まで世界中を旅している中で、海外の学校見学もしていったのである。

この経験は、僕にとって間違いなく大きな経験となり、人が成長していくことへの喜びや感動を知ることこそが、人生の醍醐味の一つだと知ることができた瞬間であった。

そして、自身の過去や僕のビジネスの会員さんと向き合っていく中で、「大人の再教育の必要性」も感じるようになったし、何歳であろうが成長していくことこそが「美しい人」であり、「今の地球に必要な人」なのだと本気で思うようになった。

そして2017年、息子が産まれた。僕の夏休みは、また賑やかなものになった。

彼は常に「僕ら」を見て学ぶ。だから、彼のベースに「僕ら」の24時間の中での言動は非常に大きなウェイトを占める。これは責任重大なことである。彼の誕生は、改めて自身の言動を見直す最高の機会になった。

そして、彼と時間を過ごす中で、「人の心に長く残っていく伝わっていくもの」にこだわるようになり、そのようなものを生み出したいと思うようになった。理由はよくわからないが、毎年「欲求」がインスタント化していく中で、アンティークのように毎年価値が上がっていくものをつくりたいと思うようになったのだ。

今の時代までに語り継がれる大いなる発明をし、現在の便利な社会に貢献する開発を行った僕の尊敬するトーマス・エジソンや、Ａｐｐｌｅの創業者スティーブ・ジョブズなどの先人たちは「どれだけ先を見ていたか」はわからないが、少なくとも僕らよりは「遥か遠くを見ていた」ように感じている。

僕らも、スマホなどの登場により「目の前」に惑わされているだけで、本当のところは「星を見る」ように、遥か先のことに実は興味があるのだと思う。

僕はこの「遠くを見る」に代表されるようなこと、つまり自身の脳から「ダイヤモンドのように輝く遥か先の先までを見る楽しさ」が溢れ出る「感覚」や「楽しさ」を、あなたに広く伝えたいと思っている。

そこで、このような出版活動を行い、さらに大人の再教育機関として勉強することで「お金だけではないリワードを得ることができる」ビジネススクールを開講したというわけである。

そこでは、なるべく労力をかけずにビジネスをセットアップする極意を指導しているように見えるが、その本当の目的は「何歳になっても成長することの素晴らしさ」を分かちあい、そのような生活を始めることを提案しているのだ。

今、僕の夏休みは、20歳のときに「思い描いているもの」とは遥かに違う時間になっている。当時描いていたハワイのビーチでゴロゴロしている生活では決してない。思っている以上に働いているし、締め切りがあるし、「規則的な生活」をしている。

だが、この夏休み、ＦＩＲＥ的な生活は、遥かに輝かしいし、楽しい。

何より細胞が生きているのを全身で感じている。なぜなら、今の状態が、僕にとって緊張と弛緩のバランスを程よく組み込んだライフスタイルだからである。

適度なリラックス感と、程よい緊張感を自らで演出し、そんな自身を楽しみながら、毎日の中から何かを学び成長していく。

さらにそんな成長を確かめ合い、褒め合える、家族や仲間が存在する。そして彼らと最高のコミュニケーションを行い、お互いへの愛を飛ばしあい、受け取りあう。

そんな自然な状態が結果として世の中の誰かの役に立ってしまう循環の仕組みを、毎日メンテナンスしながらさらにブラッシュアップしていく。

こんな夏休みを今、最大限に楽しみ謳歌している。


あなたの夏休みはいかがだろうか？


人生は地球への30000日の旅行だと言われている。

今、あなたは何日目の旅を終えたばかりだろうか？

これから誰とどんな時間を過ごしていくのだろうか？


ぜひ、少しでも本書を通して人生で最も大事な有現物の一つである「時間」について考えていただき、あなたと誰かにとって格別となる「時間」をさらに「クリエイト」し、そんな人生を楽しんでいただきたいと心底ねがう。

そして、最後に一言。

人生は「自分だけのもの」だが、「自分のためだけに」生きていくのはつまらないし、もったいない。もっと誰かのために使ってみよう。

そして、そんな自分を楽しんでみよう。

2021年8月1日

カナダの山奥の避暑地より愛を込めて　河本真

著者プロフィール

河本 真（かわもと しん）

The Legendary Roots 88 Inc CEO。1988年生まれ。大学在学中に起業をし、得意とするニッチビジネスを元に、電磁波シールドパンツや、マイルをお得に使った旅行術を教えるオンラインスクール、メンズ性教育スクール、通わない小顔サロン、などの多岐に渡る分野で「働かないけどお客様に最大限に貢献する仕組み」を構築。

1日3時間しか働かないことをモットーに2013〜2019年まで家族で世界中を旅するライフスタイルをエンジョイ後、北米に移住。現在は複数の会社を経営し、海外にも進出している。グループ会社には、映像制作会社や、オンラインヒーリングサロンを展開する会社などがある。

独自の「ゴキゲン主義」を元に、センスよくとにかくゴキゲンなライフスタイル（ゴキゲンな自己満足の副産物として結果、人に貢献して喜んでしまうような循環や仕組み）を楽しむ人が世界中に増えるよう様々な角度とアプローチで日々活動中。

TEDxに2019年に登壇、自身で開発した電磁波を99%シールドする「スゴイパンツ」は、2021年雑誌『Tarzan』にも紹介された。

著書に『働かない働き方。』（パブラボ）など。

本書をお読みのあなたに特別プレゼント

アフターコロナ時代のデジタルニッチビジネス厳選5特別ビデオ

9800円相当➡無料

今取り組むことであなたの数年後に自由と安心と
エキサイティングをもたらしてくれる
社会性があり、家族にも尊敬される「恩恵ビジネス」で
いち早く本当に自由な人生を掴み取れ!

https://mrm-lifestyle.com/lp3/tokuten/
QRコードが反応しない場合は
上記に直接アクセスお願いします。

※あまりにダウンロード数が多い場合は急遽締め切りにさせて
いただくこともございますので予めご了承ください。

今回、ご紹介するビジネスは下記を満たしたビジネスモデルになります。

1日3〜4時間で無限大のリターン可能
イツデモドコデモ「ビジネス」可能
やりがいと社会性のバランス可能
家族や周りの笑顔にも貢献できるビジネス
自身の人生の価値を極めて高めるビジネス

などなど。

電磁波シールドパンツ、メンズ性教育、熟練トラベラーマッチングサービス、
マイルをお得に貯める極意やホテル生活に関するオンラインスクールなどなど
数々のデジタルニッチビジネスを構築し、ストレスフリーかつ自由な人生を謳歌している河本真が
アフターコロナの時代において確実に伸びる自動化ビジネスモデルを徹底公開!

いち早く、本書で学んだ新しいライフスタイルを実現するために今すぐダウンロードして、
現代の恩恵を最大限に受け取れるストレスフリーの生活を今すぐ始めよ!

遊ぶように働く！目指せFIRE！

大人の夏休みライフの始め方

プロデュース／水野俊哉
装丁・本文デザイン／鈴木大輔・江崎輝海（ソウルデザイン）
DTP制作／山部玲美
校正／平原琢也
編集協力／長谷川 華

2021年9月17日〔初版第1刷発行〕

著　者　河本 真
発行者　佐藤圭介
発　行　サンライズパブリッシング
〒150-0043
東京都渋谷区道玄坂1-12-1
渋谷マークシティW　22階

発　売　株式会社三恵書房
〒102-0072
東京都千代田区飯田橋区2-9-4-706
Tel 03-3262-0441

印刷所　株式会社クリード

ISBN978-4-7829-0542-5　C0030